Cuentas claras...
relaciones largas

Cómo hablar de
dinero con tu pareja

BLANCA MERCADO

Cuentas claras...
relaciones largas

Cómo hablar de
dinero con tu pareja

B<small>LANCA</small> M<small>ERCADO</small>

EL LIBRO MUERE CUANDO LO FOTOCOPIAN

Amigo lector:

La obra que tiene en sus manos es muy valiosa. Su autor vertió en ella conocimientos, experiencia y años de trabajo. El editor ha procurado una presentación digna de su contenido y pone su empeño y recursos para difundirla ampliamente, por medio de su red de comercialización.

Cuando usted fotocopia este libro o adquiere una copia "pirata" o fotocopia ilegal del mismo, el autor y editor no perciben lo que les permite recuperar la inversión que han realizado.

La reproducción no autorizada de obras protegidas por el derecho de autor desalienta la creatividad y limita la difusión de la cultura, además de ser un delito.

Si usted necesita un ejemplar del libro y no le es posible conseguirlo, escríbanos o llámenos. Lo atenderemos con gusto.

EDITORIAL PAX MÉXICO

Título de la obra: *Cuentas claras... relaciones largas. Cómo hablar de dinero con tu pareja*

COORDINACIÓN EDITORIAL:	Gilda Moreno Manzur
DIAGRAMACIÓN:	Abigail Velasco R.
PORTADA:	Victor Gally

© 2016 Editorial Pax México, Librería Carlos Cesarman, S.A.
   Av. Cuauhtémoc 1430
   Col. Santa Cruz Atoyac
   México DF 03310
   Tel. 5605 7677
   Fax 5605 7600
   www.editorialpax.com

Primera edición
ISBN 978-607-9346-89-8
Reservados todos los derechos

Agradezco a Dios por haberme permitido
descubrir mi misión de vida justo a tiempo.

Y en especial a ti, mujer,
que compartes tus experiencias conmigo todos los días
a través de mensajes en mis conferencias
y programas de radio.

Índice

Sobre el presente libro

Este libro describe de manera divertida la dificultad de las mujeres para pedir lo que realmente necesitan. Con un lenguaje sencillo y fluido acompaña al sexo femenino para recuperar su poder personal.

Es un recordatorio de quiénes somos las mujeres, de nuestra responsabilidad al manejar nuestras finanzas y de cómo, al elegir una pareja, podemos hablar de ese tema tan escabroso del dinero.

La obra responde las siguientes preguntas:

- ¿Cómo evitar sufrir en las relaciones de pareja por cuestiones económicas?
- ¿Cómo conectar con tu propósito de vida personal?
- ¿Cómo cambiar y sanar tus relaciones de pareja con una comunicación más clara y directa?
- ¿Dónde quedó el poder personal de las mujeres?
- ¿Cómo hablar de dinero con tu pareja sin rodeos?

A modo de introducción. Cuando el dinero es un problema en la pareja

"Nadie te puede hacer sentir inferior sin tu permiso."

—Eleanor Roosevelt

¿Cómo empezó todo?

Todo empezó un día cualquiera. Estaba con un grupo de amigas tomando una taza de café, cuando de pronto una de ellas pidió la opinión del resto del grupo sobre el comportamiento de las mujeres frente a los hombres a la hora de hablar de dinero. Confesó que no sabía a qué atenerse al tocar ese punto con su pareja.

Como por arte de magia se hizo un profundo silencio, hasta que, luego de pensarlo, una de ellas se atrevió a decir: "No puedo imaginar que una mujer tan extraordinaria se sienta intimidada al hablar de finanzas con su pareja".

Una a una fuimos reconociendo lo complicado que era hablar de ese tema con nuestros esposos. Nos dimos cuenta de que inventábamos todo tipo de excusas para evitar hacerlo.

De pronto vi a la luz del día y pensé en:

Yo misma soy experta en trasmitir mensajes contradictorios a mi compañero de vida.

Así que decidí investigar más sobre este escabroso tema y, después de pasar meses observando, investigando y cuestionándome, por fin pude ver mi verdad.

Asumí mi tremendo miedo al rechazo y mi no reconocido miedo a la soledad. Por eso me limitaba a hacer preguntas tan simples como las siguientes: ¿Cómo te llamas? ¿A qué te dedicas? ¿Estudias o trabajas? ¿Qué idea tienes de una relación? ¿Cómo es tu familia? ¿Tienes pareja?

Inconscientemente, mi mente había vetado en definitiva otras preguntas… No sería bien visto que abordara cosas tan íntimas e importantes como:

¿Cuánto ganas?

¿Cómo manejas tus finanzas?

¿En tu proyecto de vida se encuentra el compromiso con la pareja?

Capítulo 1

Autopsia de una relación doliente

Historias de vida

Estamos en una habitación cualquiera, de una casa común, donde se desarrolla la siguiente escena entre una peculiar pareja:

—*Amor, tenemos que hablar.*

—*¿Otra vez?*

—*Comprende que no me ajusta mi sueldo. Faltan muchas cosas y tú no quieres ayudarme. ¡No puedo sola!*

—*Nos casamos hace cuatro años. Yo no quería casarme todavía. Tú lo sabes. Tú querías embarazarte. Pues es muy justo que tú te hagas cargo de todo por urgida, ¿no crees?*

—*Pero ¿por qué? Tú también trabajas.*

—*Pero para mí.*

—*Tú vives aquí y comes aquí. Y el bebé es también tu hijo.*

1

—Ya me voy mejor...

—¿A dónde vas?

—¡A donde no me jodan!

Uno de los principales problemas a los que se enfrenta una pareja es la cuestión del dinero. A la hora de hablar de ello, le damos la vuelta y nos parece inapropiado hacerlo. Al principio decimos: "Lo acabo de conocer. ¿Cómo voy a hablar de dinero?" Después, ya es demasiado tarde...

Las dificultades económicas son causa de muchos problemas en las parejas. Nos guste o no, esa es una realidad.

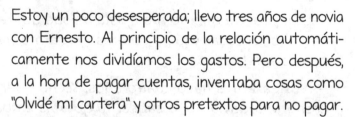

LETICIA, 35 AÑOS

Un poco desesperada

Estoy un poco desesperada; llevo tres años de novia con Ernesto. Al principio de la relación automáticamente nos dividíamos los gastos. Pero después, a la hora de pagar cuentas, inventaba cosas como "Olvidé mi cartera" y otros pretextos para no pagar.

Hace dos años vino a vivir conmigo a casa. Desde entonces mi departamento se llenó de bichos porque no lava ni su plato. No hay forma de que me ayude. Se levanta muy tarde. Cuando le reclamo, baja la mirada y me pide perdón.

El problema más grave es que estoy embarazada. Tengo tres meses de embarazo, y él como si nada.

No sé qué hacer. Mi única opción es correrlo. Pero no quiero estar sin él. Somos una familia. Pero es imposible que podamos casarnos sin dinero. No quiero estar sin él. Pero al mismo tiempo ya no puedo estar con él.

¿Debo elegir entre dinero y el amor?

Hay parejas que llevan años de casadas y jamás han hablado honestamente de dinero. La forma en que nos relacionamos y hablamos sobre el tema es fundamental.

Podrías darte cuenta de lo que te espera con tu pareja en este aspecto si desde el principio pusieras más atención a sus palabras. Y es que, cuando su conversación proyecta derrota, ¿cómo podemos esperar abundancia en nuestra vida?

Si tu lenguaje sobre el dinero está plagado de frases como "No puedo", "Está difícil", "Algún día voy a tener"..., **es hora de aprender el lenguaje de la abundancia**. Habla de pobreza y carencias y te concentrarás en ser pobre. Empieza a modificar tu actitud hacia el dinero y verás un cambio positivo.

¿Cómo quieres vivir? Platícalo con tu compañero de vida. Expresa tus metas con claridad y escucha las de él. ¿Coinciden?

He podido ver cómo la vergüenza, el miedo y la ira son barreras que se interponen y nos impiden establecer una comunicación abierta sobre este complicado tema.

Hazte un favor y revisa con tu pareja las creencias que predominan en torno al dinero, ya que todos tenemos ideas preconcebidas sobre él que se manifiestan en nuestra vida diaria.

Te cuestiono directamente:

¿Qué crees tú sobre el dinero?

¿Cómo debería gastarse?

¿Qué es para ti el ahorro?

¿Representa el dinero satisfacción o solo problemas en una pareja?

¿Te preocupas por el dinero en tu vida?

¿Quién controlaba el dinero en tu familia de origen?

¿Quién ganaba más: tu padre o tu madre?

¿Qué tanto tus respuestas se confrontan con las de tu pareja?

¿No crees que es tiempo de hablar sobre el dinero con tu compañero de vida?

Poderoso caballero: don dinero

Cuando hay dificultades económicas, en la mayoría de las familias se vive también con dificultades emocionales.

Stacey Adams propuso la **teoría de la equidad**, la cual hace referencia a la satisfacción o insatisfacción en las relaciones interpersonales cuando las partes involucradas evalúan si dichas relaciones son justas o injustas, cómodas o incómodas.

Adams indica que en una relación en específico la persona se siente culpable si obtiene más de lo que aporta, y muy resentida si a su parecer obtiene menos.

Si aplicamos a la pareja esta teoría de la equidad, podemos apreciar que las partes se muestran más felices cuando el esfuerzo realizado en la relación se asemeja o iguala.

Algunas investigaciones más específicas han encontrado una diferencia en la orientación de hombres y mujeres respecto a las aportaciones e intercambios que hacen en la pareja, vista esta como una comunidad. Según dichas investigaciones, los hombres se inclinan a obtener beneficios comparables y las mujeres tienen más probabilidades que ellos de permitirse mantener una relación desequilibrada en este aspecto.

Mi conclusión personal es:

El beneficio que obtiene cada miembro de la pareja no tiene por qué ser idéntico, pero sí debe ser equilibrado y proporcional.

PILAR Y RAFAEL

¿Cuánto ganas?

Pilar y Rafael se conocieron y comprometieron en poco tiempo. Fue al inicio del matrimonio cuando comenzaron los problemas. Rafael tenía expectativas muy distintas de las de Pilar.

En cuanto se casaron, Pilar se dedicó en cuerpo y alma al hogar y a atender a su pareja, lo cual Rafael disfrutaba, pues no le gustaba hacer nada en casa. Pilar lavaba de rodillas los pisos y tenía la casa impecable.

Además, Rafael le exigía a Pilar entregarle todo el dinero que ganaba como producto de su trabajo, que consistía en preparar pasteles en casa.

Una noche Pilar se sintió sobreexigida y explotó. Grande fue su sorpresa cuando Rafael le confesó que sus tarjetas estaban saturadas. Debían seis meses de renta y estaban a punto de lanzarlos de la vivienda. Lo más duro fue cuando Rafael le confesó por primera vez cuánto ganaba cada mes. Pilar se quedó atónita, pues de haberlo sabido antes se habría dado cuenta de que la vida que llevaban era insostenible.

¿Qué tan importante consideras que es hablar de dinero con tu pareja?

La peor mentira es mentirte a ti misma

El dinero es un tema muy importante en la pareja. **Una de las principales causas de divorcio ciertamente es el factor económico.** Entonces, ¿por qué no queremos prestarle atención?

Revisen las creencias que tienen sobre el dinero y que pueden convertirse en limitaciones, porque ellas determinan su realidad.

Detrás de lo que piensan siempre estará su familia de origen y las figuras de autoridad que los rodearon en la infancia. Pero cuando recuerden eso, como los adultos que ahora son, los invito a que se hagan responsables, porque sin lugar a duda son sus pensamientos de amor o de miedo los que generan más de lo mismo.

Nadie puede tener dinero si habla mal de él.

El dinero es energía. Y lo que eres y piensas influye en la realidad que obtienes. Para atraer dinero hay que disminuir complejos, culpas y vergüenza.

SAMANTHA Y RICARDO

Brujería de amor

Samantha es una mujer exitosa. A sus 35 años de edad, trabaja en un juzgado en materia familiar. Cuando le presentaron a Ricardo, un tahitiano muy interesante, de inmediato se sintió cautivada por él. Ricardo le comentó que era muy rico, pero que todo su dinero estaba en su país de origen. Dos meses después comenzaron a vivir juntos en la casa de ella. Como él no podía trabajar porque no estaba legalizado, le insistió a Samantha en que se casaran para poder trabajar e invertir en México. Ella aceptó a pesar de la oposición de sus padres y hermanos, quienes no confiaban en Ricardo.

Justo a los tres meses de casados, Samantha quedó embarazada y todo cambió. Ricardo ya no era tan atento. Durante los fines de semana le prohibía salir de su cuarto. Invitaba a personas y Samantha oía sus voces, pero nunca los vio. Solo la dejaba salir para ir a trabajar. Ella empezó a bajar de peso a pesar del embarazo; se mostraba ausente y ansiosa. Ya no visitaba a su familia y cada vez se sentía más torpe.

Una tarde, al regresar del trabajo, encontró una carta sobre su cama. Ricardo le decía cuánto la amaba. El problema era que la había escrito con sangre. Samantha, horrorizada, le preguntó a su marido qué había pasado. Ricardo le dijo que por la mañana se había extraído sangre con una jeringa para escribir su carta de amor. Samantha comenzó a temerle.

Por fin tuvo a su bebé: una niña. Le pidió a Ricardo que la llevara con su madre, pues se sentía muy enferma. Una vez ahí, no quiso volver con él. Su abogado está tramitando su divorcio y Ricardo se quedó a vivir en casa de Samantha, donde ha dicho a sus vecinos que ella se la regaló a cambio de la bebé.

Será un trámite largo. Samantha todavía no se repone del trauma. Ricardo vive cómodamente en casa de su esposa. Es curioso, pero aún no encuentra trabajo.

¿Valdrá la pena hablar claro con la pareja sobre economía familiar?

¿Para qué sirve el dinero?

Podríamos citar más de una definición sobre lo que es el dinero, pero en pocas palabras, fue creado como un instrumento para dar armonía a las relaciones comerciales y de intercambio.

Al dinero le da sentido el poseedor del mismo. Es un medio que te permite transformar cualquier cosa en tu beneficio, simboliza el fruto de tu esfuerzo personal.

El dinero debe estar al servicio del ser.

UNA HISTORIA REAL

Quiero compartirte una historia real: la de un hombre llamado Warren Buffett, considerado uno de los más ricos del planeta.

Buffett tiene un enfoque conservador sobre el mundo del dinero. Este hombre, conocido por muchos como el mejor inversionista de nuestro tiempo, donó a una fundación el 80% de su fortuna.

A los 14 años de edad compró una granja con sus ahorros, los cuales reunió vendiendo periódicos. Vive en la misma casa que adquirió hace 50 años, cuando se casó. Dice que tiene todo lo que necesita.

No tiene chofer ni guardaespaldas. No viaja en **jet** privado, a pesar de que es dueño de una compañía

---

de **jets**. Uno de sus pasatiempos es comer palomitas y ver televisión. No usa celular ni computadoras.

Afirma con entusiasmo que el dinero no crea al hombre, sino el hombre al dinero.

La vida, dice Buffett, es tan sencilla como nosotros queramos hacerla. Si el dinero no sirve para compartir, entonces definitivamente no sirve. Su locura y disciplina son parte de su filosofía de vida. Declara que a menudo las personas disfrutamos de hacernos víctimas en lugar de afrontar la necesidad de una mayor disciplina financiera.

Buffett es más que un economista, filósofo y competente inversionista. Sostiene que él plantó los árboles bajo los cuales ahora puede sentarse.

Proviene de una familia de poco dinero. Vio cómo su madre renunciaba a su comida para dársela a su familia. Vivió escasez, pero desde la infancia se propuso salir de la pobreza.

"Lo que crees es lo que creas."

Concepto de pareja

Hay muchas formas de vivir la vida y una de ellas es compartirla con una pareja. Pero hay tantos tipos de pareja como personas en el mundo. No hay una forma correcta de vivir en pareja. Lo importante es saber seleccionar a una persona, saber vivir con ella.

No te confundas pensando que una pareja adecuada es la que tiene dinero. Escoge la pareja que deseas para ti y evalúa con sinceridad cada uno de sus aspectos. Seguramente él hará lo mismo.

Yo me concretaría a plantearme las siguientes preguntas:

1. *¿Me atrae físicamente?*

2. *¿Me siento cómoda con esta persona?*

3. *¿Somos compatibles?*

4. *¿Esta unión es conveniente para ambos?*

5. *¿Puedo hablar libremente sobre cualquier tema?*

6. *¿Nuestras prioridades en la vida se asemejan?*

7. *¿Nuestros valores coinciden?*

8. *¿Puedo tolerar nuestras diferencias?*

9. *¿Me veo con esta persona en las buenas y en las malas?*

10. *¿Sabemos resolver nuestros conflictos adecuadamente?*

A nivel consciente o inconsciente, en la primera impresión comienzas a responderte. Por naturaleza, las personas propiciamos experiencias que nos resultan agradables y rechazamos las desagradables. A este respecto debes saber muy bien lo que te gusta. Considera estas interrogantes:

- **¿Te gusta cómo se ve, se oye, se siente, sabe, huele?**

- ¿Se te pasa el tiempo rápido con esa persona?

- ¿Su tema de conversación te resulta interesante?

- ¿Su forma de vida es compatible contigo?

- ¿Te agradan sus tradiciones y su forma de ver la vida?

- ¿Te agrada su familia?

- ¿Te ves con ellos, como parte de ellos?

Y, por último, utiliza la razón:

- ¿Sientes que ese hombre te conviene como pareja en todos los aspectos?

Al hablar de "convenir" me refiero al hecho de que a tu vida integral le venga bien una relación con esa persona. No ser conscientes de ello nos lleva a infinidad de problemas que tristemente terminan en divorcios.

Hay muchas cosas negociables en una pareja. No pretendo que en todo haya correspondencia, pero sí es muy importante que valores que esta es la persona con quien despertarás cada mañana el resto de tus días.

Modelo tradicional de pareja y dinero

En un matrimonio tradicional, la esposa era responsable del hogar y los hijos. El marido era responsable de ganar dinero y decidir cómo invertirlo. No era necesario llegar a tantos acuerdos.

El temor a quedarse sin dinero es la sombra de este tipo de pareja. Tanto el éxito como el fracaso de la economía familiar es parte de la responsabilidad de vivir en pareja.

Aunque para muchos resulte desagradable hablar de dinero con la pareja, es muy importante hacerlo. No esperes que tu pareja sobrentienda tus expectativas de la situación.

Modelo nuevo de pareja y dinero

El dinero no debe usarse para controlar o dominar a los demás. Hoy en día la mujer trabaja y en ocasiones gana más que su marido. Es común observar que muchas mujeres en esta nueva dinámica se confunden y afirman que el dinero que ganan ellas es para ellas... y que el dinero que gana él es para los dos.

Definitivamente, es indispensable que el tema del dinero quede claro. Una pareja debe saber cuánto gana cada uno y establecer reglas sobre la manera de gastar esos ingresos de común acuerdo.

El poder del dinero

En realidad, aunque a primera vista te parezca trivial, es fundamental abordar la cuestión del dinero con tu pareja.

Como preparación para ello, presento las siguientes preguntas. Responde con franqueza. No te engañes a ti misma, ¿va?

1. ¿A tu pareja le gusta trabajar?

2. ¿Gasta más de lo que gana?

3. ¿Estás esperando que se haga cargo de tu vida?

4. ¿Le has ocultado lo que piensas respecto al dinero?

5. ¿Tienes dificultades económicas?

6. ¿Tiene varios incidentes por mal manejo de su economía?

7. ¿Han evitado hablar de dinero como pareja?

8. ¿Qué pasará con los bienes que generen en sociedad?

9. ¿Su ritmo de gastos es semejante?

10. ¿Tienen un fondo para emergencias?

Cobra conciencia de la parte que te corresponde de responsabilidad al ser honesta sobre todos los temas.

No tomes a la ligera la elección de tu pareja. Es crucial considerar, entre muchos factores, el dinero. Presta atención para evitar sufrir en tu vida.

Trabaja primero contigo misma antes de relacionarte. Y cuando estés lista, dialoga sobre este tema antes de que la que bomba explote.

Una investigación realizada por especialistas de la Kansas State University en Estados Unidos revela que las parejas admitieron que peleaban por dinero y aceptaron que suelen fingir que todo está bien. Además, que estas peleas por cuestiones económicas eran las más intensas. De ahí la importancia de trabajar el cómo hablar de estos temas ¿no te parece?

¿Quién paga qué?

Por lo general, en México quien asume el papel de proveedor es el hombre. El problema, por decirlo así, es que la mujer ha conquistado una posición social que se equipara a la de él. Esta nueva situación implica llegar a nuevos acuerdos.

La vida en pareja consiste en compartir nuestra vida con otra persona, alguien con quien nos guste hacerlo. (Sin embargo, eso no significa que nos urja hacerlo por el motivo que sea, por miedo a la soledad.) La pareja sigue una serie de hábitos sin cuestionar si son funcionales o no. Por ello es vital la calidad de la comunicación.

Cada una de nosotras se forma inconscientemente una imagen de cómo debe ser tratada. Eso determina lo que espera de su pareja. De ahí que, si esperamos que satisfaga nuestras necesidades, nuestro primer deber es ser honestas con ellos.

La experiencia dice que, cuando en una pareja hay diferencias económicas profundas, se genera estrés y frustración. Un motivo más para informar qué esperamos del otro.

Los expertos en finanzas en pareja afirman que los gastos deben ser proporcionales al salario de cada uno. Quien gana más debería cooperar con mayor cantidad.

Un estudio realizado por el Wellesley College, en el que se entrevistó a más de 17 mil hombres y mujeres solteros, arrojó los siguientes resultados:

- 84% de los hombres y 54% de las mujeres dijeron que ellos debían pagar.
- 44% de las mujeres se sentían molestas por pagar las cuentas.
- 76% de los hombres se sentían culpables si dejaban que su pareja pagara todo.

Considero que no hay método exacto o perfecto. Lo que sí hay que hacer es hablarlo.

El dinero en sí mismo nunca es el verdadero problema. Sin embargo, reconozcamos que cuando ocurre un divorcio, la batalla más salvaje es sobre este punto.

LUIS Y MARCIA

El dinero en la segunda vuelta

Luis, un hombre de 40 años, decidió casarse con Marcia, de 45, y madre de dos hijos: Eduardo, de 15, y Tere, de 14. Marcia era divorciada y vivía en conflicto permanente con su ex marido.

Marcia hablaba de su segunda relación de forma mágica. "¡Es el mejor hombre de mi vida! Adora a mis hijos y me apoya en todo". Vivía en casa de Luis, quien se hacía cargo de todos los gastos de ella y sus hijos. "Aparentemente."

La serie de preguntas que se le hicieron a Marcia durante la entrevista dejó en claro que, para mudarse a la casa de Luis, ella dio rentada la propiedad donde vivía con sus hijos.

Marcia le entregaba a Luis el monto completo de dicha renta, que era alto. Haciendo cuentas, Luis podía pagar con la renta los gastos de todos, incluido los suyos, y hasta quedaba un remanente para ahorrar. El colmo era que hacía sentir culpable a Marcia y a sus hijos porque él se hacía cargo de "todo".

El conflicto estalló cuando Eduardo, el hijo de Marcia, le pidió a su padre comprarle un auto; el padre le dio el dinero en efectivo.

Cuando Luis lo supo se molestó mucho y le ordenó a Eduardo entregarle el dinero. Luis compró con la mitad de ese dinero un auto para Eduardo, que puso a su nombre, y el resto lo depositó en su propia cuenta bancaria.

Cuando Marcia acudió a asesoría, aún no comprendía lo que le ocurría.

¿Falta de comunicación?

Muchas veces nos engañamos diciendo: "No importa cuánto dinero gane. Si lo amo, es todo lo que cuenta". Pero seamos sinceras: ¡sí importa!

Hagamos el siguiente ejercicio.

Recuerda que esto queda entre tú y yo.

1. Mi pareja ideal, en cuanto a aspecto físico, debe ser:_____

_____

_____

2. Sus valores personales deben ser:

_____

_____

3. En su economía debe ser:

_____

_____

Ahora respóndeme: ¿se fijaría en ti alguien como la persona que acabas de describir?

A veces las mujeres fantaseamos. Creamos vínculos muy especiales donde sinceramente no los hay. Tendemos a creer que algo mágico pasará y la relación cambiará. No importa que el problema de él sea financiero, sexual, de drogas o alcoholismo, creemos que el amor lo cura todo. **Entre ayudar y rescatar hay una diferencia muy grande.** Me encanta la idea de que seamos comprensivas. A lo que me refiero es que es muy importante lograr una comunicación sin miedo.

Hablemos un poco de la turbulencia que genera nuestra actitud de rescatadoras.

Responde abiertamente: ¿qué cosas te hacen sentir insegura?, ¿eres de las que siempre se cuestionan la forma de decir lo que sientes?

En nuestra cultura nos hemos acostumbrado a esconder lo que sentimos. Buscamos la mitad de lo que nos merecemos. Nos conformamos. Olvidamos que nosotras somos lo mejor que tenemos y que deberías tratarte a ti misma como tu tesoro más valioso.

UN CASO REAL

Se cuenta que cuando el rey Alfonso XIII le otorgó a Miguel de Unamuno un reconocimiento como el escritor del momento, este dijo:

—Me honra, majestad, recibir este reconocimiento que tanto merezco.

A lo cual el monarca le contestó.

—¡Qué curioso! La mayoría de las personas a las que les he entregado un reconocimiento siempre dicen que no se lo merecen.

El escritor respondió al rey con una sonrisa:

—Señor, en el caso de esas personas, efectivamente no se lo merecían.

Una de las cosas más complicadas para nosotras las mujeres es aprender a sentirnos merecedoras. ¿Hasta dónde tienes que llegar, mujer, para sentir que mereces algo?

No es extraño encontrar en nuestra historia familiar que las mujeres se sientan culpables de ver sus necesidades y pedir lo que requieren.

¿Qué hace falta para reconocernos ese derecho?

El condicionamiento femenino del no merecimiento

¿Te imaginas diciendo libremente lo que deseas sin anularte a ti misma?

¿Estaría bien sentirte merecedora?

¿Qué tanta culpa o incomodidad puede hacerte sentir el tema del merecimiento?

¿Estás viviendo la relación de pareja que mereces?

Si tu respuesta es un no, o un silencio, pregúntate:

¿Por qué estoy con esta pareja?

Actúas como una rescatadora emocional cuando te sientes con la obligación de cuidar a alguien que puede cuidarse a sí mismo. Y lo hacemos no por generosidad, sino porque sentimos cierto placer de ser necesitadas. **El rescatar es una actitud insana e improductiva,** sobre todo cuando va dirigida a quien no lo necesita.

Cuando tú y yo sentimos que no somos lo suficientemente buenas para ser amadas, nos convertimos en rescatadoras. El mensaje secreto es: "Si hago lo suficiente, conseguiré que me amen".

Pero ¿qué pasa con nosotras cuando rescatamos?

Nos sentimos usadas.

Nos sentimos cansadas, sufridas, aburridas, agotadas y no reconocidas, entre otras cosas.

Sentimos un miedo terrible a ser abandonadas y por ello toleramos en silencio.

La mujer rescatadora proviene en un 90% de hogares disfuncionales. Por ello, aprender a reconocer nuestros límites naturalmente es un gran reto para todas.

SILVIA

La danza de las máscaras

Mi relación duró 10 años. Era muy intensa. Toqué fondo cuando descubrí que mi pareja trataba de vender mi negocio. Fue terrible darme cuenta del tremendo error que había cometido al no cuidar mis intereses.

Al cabo de esos 10 años de novios, decidimos casarnos. Nos casamos por el civil y, una semana antes de la boda por la Iglesia, un hombre apareció en mi negocio. La razón: venía a verlo porque estaba comprándoselo a mi flamante esposo. ¡El negocio que me había heredado mi padre!

Me puse furiosa y en ese instante cancelé la boda religiosa. ¡Diez años esperando ser su esposa!... sin darme cuenta de que iba camino a mi destrucción.

Pero aquí debemos hacer hincapié en que la pareja no es la culpable. Simplemente nos reconectamos con situaciones de nuestro pasado histórico emocional, que carga con un terrible dolor por el abandono y el rechazo personal experimentado durante varias generaciones.

Los límites no se ponen a los demás. Son para nosotras mismas. Si tus padres no te permitían ser tú misma de niña, ¿cómo podrías saber ser tú misma ahora de adulta?

Siempre que toques una herida emocional sentirás ira o tristeza, y hasta culpa, con lo que te impides a ti misma poner los límites correspondientes a la situación.

Con tal de no ser abandonadas, nos fusionamos con la pareja deliberadamente.

Racionalizar este proceso es dejar a un lado la voz de nuestro ser interno que mendiga amor y debido a la cual terminamos aceptando lo inaceptable.

El rescatar a tu pareja te da un sentimiento de desesperación y pánico. La adrenalina que esto genera en tu cuerpo provoca que te apegues inconscientemente más y más a dicho sentimiento.

El juego de ser perfecta

Deseo compartirte esta historia.

Una mujer siempre exigía que su pareja reconociera ante los demás que era perfecta. Si él no lo hacía, llegando a casa siempre le reclamaba. No le gustaba que la contradijera y eso ya tenía harto al esposo.

En una ocasión él creyó atraparla en un error.

Ella llegó tarde a una reunión de amigos quejándose:

—¿Adalberto? —así se llamaba el marido—. ¡Ay, querido! Fíjate que llegué tarde porque al coche le entró agua en el distribuidor...

—No seas ridícula, mujer —contestó él exhibiéndole frente a todos—. ¿Cómo le va a entrar agua al distribuidor, si hoy ni siquiera llovió?

—Pues te aseguro que le entró agua al distribuidor, Adalberto. Mejor no discutamos.

—Yo iré por el coche —dijo él, burlándose del error de su mujer , ¿dónde está?

—¡En la alberca, Adalberto, en la alberca!

¿Te permites ser quien eres? ¿Pretendes siempre tener la razón? ¿Te cuesta reconocer tus errores? ¿O, pretendiendo agradar o ganarle a tu pareja, te transformas en una persona que desconoces y después te sorprendes de sentirte atrapada?

Estos juegos de aparentar lo que no somos terminan por agotarnos, desdibujarnos y apartarnos de la realidad.

Es urgente que te des cuenta y hagas un alto, para beneficio tuyo principalmente y de tu pareja.

El juego de culparte a ti misma

Las mujeres tendemos a culparnos por pedir lo que necesitamos.

Parecería que la culpa es un sentimiento que nos acompaña siempre.

¿Te has sentido responsable de la felicidad de los demás? ¿Te has forzado a ser quien no quieres por sentirte culpable?

La culpa parece ser la emoción dominante en nosotras, las mujeres.

Tal vez, si nos olvidáramos de ser las "buenas" de la película, aspiraríamos a ser auténticas. Pero más bien se nos enseñó a paralizarnos antes de pedir lo que merecemos. ¿No crees?

Aún más curioso: las mujeres incluso nos reprobamos a nosotras mismas al hablar de temas como sexo y dinero.

El riesgo de no parecer vulnerables, prudentes y discretas ante tales temas acumula frustración en nuestras vidas.

Como terapeuta, sé que se dice fácil que debemos soltar los patrones que ya no nos funcionan. Y si buscamos una relación duradera, tenemos que ser lo más auténticas posibles.

Cuanto más trabajaba con la importancia de hablar sobre el dinero con la pareja, más aprendía acerca de cómo me relacionaba.

Cada día descubría de qué forma yo misma me sentía incómoda ante el hecho de que a mi pareja no le alcanzaba nunca con lo que ganaba.

Pero, en definitiva, él no era el responsable de cómo me sentía. Yo misma me tachaba de egoísta y me esforzaba para que él no se angustiara por la situación. Me comportaba de una manera que no me gustaba.

Entonces ocurrió lo inesperado: tuve que soltar mi miedo a quedarme sola. Me di cuenta de que estaba tremendamente equivocada. Comprendí que no debes temer expresar lo que sientes con tu pareja, que la única manera de resolver los problemas es por el camino de la honestidad.

Así que tomé la decisión de decir lo que pensaba.

Fue doloroso. Salí de un restaurante y caminé durante horas hasta mi casa. Descubrí que, aunque la pérdida me lastimaba, al mismo tiempo experimentaba una gran dicha por haber sido auténtica.

Muchas mujeres me llamaron después de que expuse el tema en mi programa de radio. Me escribieron para relatarme sus historias. Necesitaban saber cómo salir de ese círculo vicioso de no atreverse a pedir lo que una merece y necesita.

Todo ello me llevó a comprender que se trata de un patrón común en gran parte de las mujeres.

Sin percatarme me fui metiendo más y más en esta profunda investigación sobre el tema del dinero y la pareja.

¿Qué no queremos ver?

Mireya es una mujer de 45 años y ha conocido un hombre maravilloso de 50 años que se ostenta como que fue un gran empresario pero que casualmente en este preciso momento no puede salir del bache económico en el que se encuentra.

¿Será casualidad?

A partir de la primera cita Patricia siempre se hace cargo de los gastos de ambos en todas las salidas. Por supuesto este ex empresario busca los lugares más caros pues le gusta lo fino.

Patricia comienza a sentirse explotada. Pero confía recupere este buen hombre su autoestima.

¿Crees que lo logre?

Risoterapia

Una pareja de ciegos se encuentran en su primera cita en un café.

Él le dice:

—¿Me prestas quinientos pesos para pagar la cuenta?

—Desde luego —responde ella—. ¿Cuándo me los pagas?

—¡Cuando nos volvamos a ver!

Ejercicios prácticos

Decide exactamente lo que deseas de tu pareja.

Define tus metas de manera clara y directa. Pide a tu compañero que haga lo mismo.

_____

_____

_____

Determina qué problema u obstáculo te impiden hablar con tu pareja sobre dinero. Busca la solución.

_____

_____

_____

Describe brevemente, en un máximo de tres renglones, que le dirías a tu pareja en relación con el tema de las finanzas si no tuvieras miedo.

_____

_____

_____

A partir de hoy niégate a aceptar cualquiera de tus excusas para evitar hablar del tema. Tu felicidad y salud emocional dependen de ello. ¡Te lo puedo asegurar!

Capítulo 2

El miedo de la mujer al dinero

"Los hombres tienen el poder de elegir; las mujeres, de rechazar."

Jane Austen

Llevo años asesorando a hombres y mujeres empresarios. Y son las mujeres las que muestran cierto temor a la abundancia. Esto se refuerza en el día a día con nuestra resistencia inconsciente a darnos permiso de crear nuestra propia riqueza.

Hay mujeres que atraen el dinero con facilidad. Sin embargo, su conflicto es aceptarlo.

¿Tendrá que ver con la forma en que nos educaron? ¿Existe relación entre lo que pensamos del dinero y nuestra forma de vivir con él? Como muchas mujeres piensan que el dinero viene del hombre, se sienten muy incómodas cuando ganan más que ellos.

Otras imaginan que el éxito económico las dejará sin pareja, por lo que ante el tema del dinero las invade una fuerte sensación de miedo. Debido a ello buscamos inconscientemente situaciones que nos bloqueen para NO tener al dinero muy cerca de nosotras.

Ejercicio

Hagamos una revisión más profunda, ¿te parece?

Pregúntate:

1. ¿Crees que el dinero trae problemas a tu vida?

2. ¿Crees que el dinero pierde a las personas?

3. ¿Crees que el dinero es difícil de conseguir?

4. ¿Crees que la mujer no debe ganar más dinero que su pareja?

5. ¿Crees que tu pareja debe ganar más que tú?

6. ¿Crees que cuando alguien tiene dinero cambia para mal?

7. ¿Crees que nunca serás rica?

Si respondes "sí" a la mayoría de las preguntas, puedes estar segura de que tienes problemas con la abundancia y por consiguiente, al tocar el asunto del dinero, también con tu pareja.

Convencida de que se generan trastornos muy serios en la relación de pareja derivados de no hablar abiertamente sobre el dinero, y aprovechando que cursé la carrera de derecho, me dediqué a investigar qué tanto este tema se asocia con los divorcios.

Posiblemente has oído de Carmen Dell'Orefice. Es conocida por ser una importante modelo de marca... ¡a sus más de 80 años! Esta millonaria mujer ha contraído matrimonio tres veces y ha tenido diversas relaciones de pareja, una de ellas con un hombre llamado Bernie Madoff, quien la defraudó por varios millones de dólares.

El dinero, afirma ella, no ha jugado un papel fundamental en su vida, pues desde pequeña vivió una situación económica muy precaria y jamás pensó llegar a poseerlo.

¿Tendrá su caso algo que ver con lo que hemos comentado hasta ahora? ¿Que las mujeres, al no creerse merecedoras, encuentran formas de alejar el dinero de su vida?

¿Qué tan importante es el dinero en nuestra vida?

Algunos estudios del INEGI muestran que siete de cada 10 mujeres que son madres no reciben pensión después del divorcio. La investigación no queda ahí, sino que revela que muchas no reciben un pago justo por su trabajo.

Por si fuera poco, está probado que las discusiones por dinero pueden llevar a la pareja a separarse. En un estudio de la Universidad de Virginia en Estados Unidos se encontró que las parejas que discuten por dinero tienen un 30% más de probabilidades de acabar divorciadas.

La crisis económica ha provocado que el 54% de las parejas en México, Estados Unidos, Australia, Canadá, Italia, Países Bajos y Reino Unido hayan tenido problemas relacionados con el dinero.

Para cerrar estos datos, quiero informarte que en México la segunda causa de divorcio es, precisamente, la cuestión financiera...

BETY, 37 AÑOS

¿Qué hago si llegué al límite?

Conocí a un hombre. No era rico, pero sí muy buena persona, atento conmigo, y nos enamoramos. En los primeros tres años no tuve queja de él. Después se volvió insoportable. Quisiera irme de la casa y tramitar el divorcio.

No obstante, desde que él sospecha que ya no lo aguanto:

Cerró la cuenta de banco que teníamos compartida. Se quedó con todos mis ahorros.

Es muy agresivo conmigo. Cuando no le quiero entregar lo que gano, me golpea.

Él sabe cuándo me pagan y me espera siempre a la salida de mi trabajo.

¡Quisiera morirme!

¿Cómo podemos ver con quién nos relacionamos?

¿Cómo, si no nos atrevemos a preguntar o a externar lo que pensamos?

Es un hecho que la economía y el amor van de la mano. No son mundos opuestos. Cuando la pareja tiene las cuentas claras, es más sencillo llevar la relación. Simplemente, no habrá distracciones.

Una comunicación transparente respecto a la economía en la pareja es una base firme para la relación. Desde luego, el dinero jamás sustituye al amor, pero la crisis económica de la pareja provoca un desgaste intenso en la relación.

Observa cualquier actitud defensiva que tú y tu pareja manifiesten al abordar este delicado tema.

Las emociones detrás del dinero

"Cuando la mente tiene que elegir entre lógica y emociones, siempre elige emociones."

—Harv Eker

¿Qué pensarán los demás si gano más que mi pareja?

A Jackeline, que trabajaba y se esforzaba siempre por mantener su hogar impecable y feliz, el hecho de ser económicamente más solvente que su esposo le provocó agresiones constantes. En una de sus sesiones relató lo siguiente:

Estaba apurada tratando de terminar de limpiar la cocina. Había tenido una semana muy complicada en mi trabajo. Mientras guardaba unos alimentos en el refrigerador, entró mi esposo gritándome que era una estúpida por no tener su camisa planchada. Que era una mierda.

Me acusó de que no me importaba nada.

—¿Crees que porque ganas más que yo no tienes que preocuparte de mis cosas?

Me sentí tan mal que a la mañana siguiente tuve que faltar a la oficina para poner en orden las cosas de mi marido y de mis hijos. ¡Me sentía tan culpable!

El dinero no es malo ni corrompe. Representa poder. Puedes tener poder y dinero, y ser generosa, ayudar a otros.

Si te liberas de la idea negativa sobre el dinero, podrás aceptarte como buena persona aun viviendo en abundancia.

La mujer se crea fantasías

Muy pocas mujeres se casan con millonarios. Así que te sugiero hacerte cargo de tu inteligencia financiera.

De acuerdo con un estudio realizado sobre la presencia de las mujeres en las empresas mexicanas, ellas ocupan tan solo el 14% de los puestos directivos.

Pienso que, para ser exitosas, las mujeres aún tenemos pendiente tomar muy buenas decisiones…

¿Podemos tener éxito en los negocios y en el amor?

Carl Rogers se preguntó como terapeuta familiar: ¿qué hace que una relación de pareja triunfe?

Sintetizó la respuesta en cuatro puntos:

1. **Compromiso de trabajar juntos.** *Con base en la aceptación, sin pretender cambiar al otro.*

2. **Comunicación** *sobre cualquier tema. Con profundidad. Arriesgándote a decir lo que deseas.*

3. **Superación de roles autoimpuestos.** *Solo la pareja decide el rumbo de su vida.*

4. **Crecer con un yo separado.** *Cada uno debe ser 100% auténtico y responsable de su felicidad, y de la responsabilidad de lograr el complemento mutuo. De lo contrario no hay pareja.*

De manera que la respuesta a la pregunta:

¿Podemos tener éxito en los negocios y en el amor?

es Sí.

Sin embargo, como notaba Rogers, es muy triste "la educación ordinaria que tiene como objetivo la formación de individuos cerrados en jaulas aislantes", pues cada uno, hombre y mujer, nos comunicamos de manera muy diferente.

Él proponía la escucha activa. Una especie de gimnasia emocional para abrir canales de comunicación.

La mujer como líder

La mujer, como líder, busca siempre la oportunidad de incluir. Durante años han sido muy escasas las posiciones de liderazgo por parte de la mujer. Es un fenómeno cultural. Desde la perspectiva de la psicología, la diferencia entre el liderazgo masculino y el femenino tiene que ver con la crianza. A las mujeres se nos enseña a obedecer, cuidar, proteger, enseñar, aprender. Al hombre, en cambio, a sentirse superior, centrado y dirigido a objetivos específicos.

Estilo femenino y masculino

Más allá de la forma diferente de mirar la vida de los hombres y de las mujeres, describamos un poco el estilo masculino y el femenino de liderazgo.

Los hombres suelen tomar más riesgos.
Son más enérgicos y directivos.
El liderazgo femenino es más democrático,
con menos riesgos y dirigido a la solución
de los problemas.

Atributos del liderazgo femenino: observación, sensibilidad, escucha, intuición, comunicación, autocontrol.

Atributos masculinos: análisis, deducción, riesgos, autoridad, control. Algunos hallazgos recientes de neurocientíficos indican que en situaciones de riesgo las mujeres son más precavidas.

Quiero hacer hincapié en el hecho de que todas podemos, si nos lo proponemos, superar nuestra historia personal de vida respecto a la forma de vincularnos con el dinero. El dolor nacido de la manera en que hemos tenido que luchar por nuestra autonomía puede generar resistencia. Pero es necesario trabajar en ser parte de la solución, no de los problemas.

Por eso es crucial que respondas a esta interrogante:

¿Qué puedes hacer para aumentar tu confianza?

Confiar es creer en ti misma. El mensaje que hemos recibido en nuestra familia es muy limitativo, ya lo sé. "Los hombres corren riesgos y las mujeres apoyan a los demás". Y como siempre, necesitamos ser rescatadas. **No estamos acostumbradas a ser las protagonistas de nuestra vida.**

¿Por qué no nos rebelamos ante ello? Puede ser que nos hayamos acostumbrado a sentirnos más atractivas cuando NO sabemos defendernos a nosotras mismas. ¿Estaremos influenciadas por las expectativas sociales?

SONIA

Saber lo que una quiere

Cuando tenía 30 años, dejó un trabajo muy importante en una editorial, convencida de lo que deseaba hacer con su vida: decidió viajar por el mundo mochila al hombro. Su familia no podía creerlo. Su madre cayó en el hospital tras sufrir una crisis por el miedo de que su hija realizara semejante locura.

Por experiencia propia, Sonia conoce bien de qué manera estaba programada su historia conforme a un estereotipo femenino.

Madeline Heilman dice que, aun cuando la mujer "produce un producto idéntico al de un hombre", se le considera inferior. Si más lejos llegue una mujer en su vida, más probable será que se encuentre con respuestas estereotipadas. Si una mujer sabe lo que vale su trabajo y se siente segura de pedir un ingreso determinado, que para muchos puede parecer alto, se expone a ser criticada de fría y ambiciosa.

¿Las mujeres no sabemos pedir?

Una investigación reciente ha analizado la penalización que a una mujer le acarrea ser exitosa.

Tomar decisiones sabias implica sentirnos con derecho a pedir. Es decir, averiguar sinceramente lo que nos va bien a nosotras.

Para saber pedir, contesta las siguientes preguntas:

1. ¿Cuál es el propósito de tu vida?

2. ¿Qué has venido a hacer a este mundo?

3. ¿Hacia dónde vas?

4. ¿Qué debes hacer?

5. ¿Por dónde empiezas?

¿Se vale tener expectativas altas?

El que sabe pedir es porque sabe lo que se merece. Espera más y obtiene más. Hay que actuar con seguridad. Pensar que puedes cumplir tus sueños. Pide y sigue pidiendo; busca y sigue buscando.

¿Qué desea tu corazón? Vamos, seamos honestas. Debemos desear. ¿Qué le pides tú a la vida? Atrévete a confiar en ti, a creer que mereces.

Sé clara en lo que deseas y se cumplirá.

Desde mi punto de vista, la diferencia entre los ingresos de los hombres y las mujeres radica no en la capacidad sino en la autoconfianza. Tal vez nos cuesta tanto pedir que no sabemos obtener.

¿Cómo actuar con valor? Pregúntate: ¿qué beneficio estoy buscando? Y busca que todas las partes ganen. Las mujeres nos quedamos en relaciones o compañías demasiado tiempo esperando ser reconocidas.

La mayoría de las mujeres no nos sentimos muy cómodas pidiendo. Estamos diseñadas para conformarnos. Para no pelear, no decimos lo que esperamos en voz alta. Si quieres cambiar la situación, tienes que saber qué es negociable y qué no. Hay que estar preparadas para decir "¡Basta!" No te muestres tan desesperada como para decir "Sí" a todo.

Cuando un hombre pide lo que quiere, se le admira. Pero cuando una mujer lo hace, se le percibe agresiva. Es importante saber cuánto vales y marcharte si no lo aprecian.

No es fácil salir del círculo vicioso de aceptar lo que llegue. Jesús, el Maestro, nos dice como a la mujer cananea: "Que te suceda como tú deseas".

"Oh, mujer, grande es tu fe, hágase contigo como quieres. Y su hija fue sanada."

Me compartieron una historia que, con ciertas adaptaciones al tema, te pido que leas detenidamente:

Como actividad escolar, la maestra Rosita pidió a su grupo de tercer año de primaria elaborar una lista de 10 cosas que no podían hacer. Las alumnas escribieron cosas como: "No puedo leer bien", "No puedo escribir sin faltas de ortografía", "No puedo cantar sin desafinar", etcétera.

Después de que las alumnas terminaron su lista de "No puedo", a cada una le entregó una caja de zapatos vacía. Por turno, cada una cavó un hoyo y colocó su caja.

Todas las pequeñas escucharon a su maestra decir:

—Estamos aquí reunidas para honrar los recuerdos de "No puedo".

Y acto seguido la maestra escribió en una lápida de cartón: "Descanse en paz".

Cuando alguna de sus alumnas decía "No puedo" en clase, la maestra le mostraba la lápida y la niña volvía a intentarlo.

Tal vez tú, como yo, nos hayamos convencido de que el éxito en la vida no es tan sencillo. ¿Por qué no enterramos nuestros "No puedo" y seguimos nuestro camino a la cima?

Risoterapia

En una fiesta, ella le dice a él:

—Amor, ¿perdiste una paca de dinero sujetada con una liga?

—Sí.

—¡Pues ten tu liga!

Ejercicios prácticos

1. Reflexiona ¿qué podrías hacer a partir de hoy para atraer la abundancia a tu vida? y empieza a hacerlo.

2. Establece con claridad cómo estás económicamente y cómo deseas estar. Empieza a esforzarte por conseguirlo.

3. Junto con tu pareja, establece por escrito un proyecto de vida que tome en cuenta las finanzas.

_____

_____

_____

Empieza a movilizarte para ponerlo en marcha.

Capítulo 3

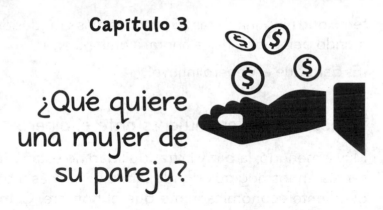

¿Qué quiere una mujer de su pareja?

"La abundancia no se adquiere, solo nos conectamos con ella."

—Wayne Dyer

Desde la prehistoria el hombre cumplía con el rol de proveedor, y la mujer, con el de administradora. Aunque en la actualidad las mujeres podemos ganar y administrar nuestro dinero, no hay que olvidar que tenemos raíces que apuntan hacia nuestro ancestral rol pasivo, y que vivimos en una cultura en la que a menudo todavía se espera como algo natural que quien gane más sea el hombre.

Sin duda has oído el tan repetido dicho "Detrás de un gran hombre hay una gran mujer". Pues bien, esta frase ha tenido que ser superada poco a poco. Sin embargo, las mujeres seguimos ausentes en la toma de decisiones importantes en todas las esferas de nuestra vida. Cuando echo un vistazo a la revista *Forbes*, me temo que ninguna de las 25 fortunas más grandes del mundo pertenece, hasta ahora, a una mujer.

¡Es claro que el género influye!

La postura de las mujeres ante el dinero

Muy a menudo, la paz y la tranquilidad no están presentes en los hogares donde la mujer es más independiente económicamente que el hombre. Como señalé antes, hay investigaciones que demuestran que la tasa de divorcios es superior en las parejas en que ella gana más que él.

Marianne Bertrand, catedrática de Economía de la Escuela de Negocios de la Universidad de Chicago, revela en un estudio que llevó a cabo: "En los hogares en los que es mayor la aportación económica de la mujer, aumenta la probabilidad de divorcio en un 50%". Y concluye: "A pesar de los avances logrados por las mujeres, la desigualdad sigue siendo una realidad".

Tales conclusiones pueden estar relacionadas con las mencionadas expectativas sociales de que el hombre debe ganar más que la mujer en una pareja.

Esta norma social influye de manera dramática en los matrimonios. Según otras investigaciones, cuando la mujer tiene posibilidades de ganar más que el marido, se enfrenta a dificultades.

Sugieren que, como estrategia, muchas mujeres renuncian a su proyectos buscando alternativas menos retadoras para sus compañeros, trabajos menos atractivos y remunerados.

Curiosamente, al mismo tiempo se detectó que las mujeres que ganan más acaban realizando mayores tareas domésticas como consecuencia de la culpa que asumen de manera involuntaria.

¿Qué tan serio es el problema? Te comparto este breve pasaje:

> Ella: Tu problema es que no soportas que me resista a tu sometimiento, que no me deje manejar. Debes aceptar que a veces quiera ir libre y que soy capaz de cuidar de mí misma.

Las mujeres nos sentimos culpables de tener más poder derivado de nuestros ingresos económicos. Y, además, bastante incómodas con la relación de pareja que sostenemos en esas circunstancias. ¿Cómo podemos llegar a un acuerdo?

Es importante llevar este tema a la mesa antes de llegar a la cama.

Clara Coria, experta argentina en el tema del dinero y la pareja, habla de la importancia de desenmascarar las múltiples hipocresías, el infierno en que quedan atrapados un hombre y una mujer que se privan de un intercambio más libre y solidario respecto a temas tabú entre las parejas, como el sexo y el dinero.

El trabajo y el dinero son vitales en la vida de hombres y mujeres. "Importancia emocional." No obstante, debido a nuestra dinámica cultural, la mujer tiende a identificarse menos con su aportación económica a la pareja.

Aunado a ello, parecería que el ámbito de negocios estuviera más acondicionado para el mundo de los hombres. La vida de estos, desde que nacen, se centra en ser ganadores y competitivos.

Las mujeres que incursionan en el mundo de los negocios se enfrentan al tremendo reto de ser exitosas en un entorno masculino. Los ejecutivos mejor pagados ganan más que las ejecutivas mejor pagadas.

Se puede demostrar que, después de un divorcio, el nivel económico de la mujer desciende y el del hombre se eleva.

Los hombres y las mujeres hemos cambiado. Cada vez más, la mujer trabaja fuera de casa. Y el hombre se ha involucrado más en las cosas del hogar. Con todo, las mujeres seguimos haciendo más labores hogareñas que ellos.

Queda mucho camino por recorrer antes de alcanzar la añorada igualdad.

¿Por qué las mujeres insistimos en cuidar a los demás?

Las mujeres tendemos a ser abnegadas y a soportar el sufrimiento. Inhibimos la responsabilidad y la autonomía. Tendemos a sentirnos inseguras.

A sentirnos culpables si no hacemos felices a los que nos rodean.

No nos hacemos responsables de nosotras mismas, pero queremos responsabilizarnos de todos los demás. Fácilmente asumimos el rol de cuidadoras.

Cecilia

Trabajo y hogar

Mi marido se pasa el tiempo viendo televisión. Llevamos 30 años de matrimonio. De nuestros seis hijos, el mayor ya cumplió 25 años y ninguno trabaja. Aparte de que los mantengo, llego a casa corriendo para limpiar y hacer la comida. ¿Cómo voy a dejar a mi esposo? ¡No puedo quitarles su padre a mis hijos!

Nos volvemos cariñosas, buenas, sobreprotectoras y sumisas cuidadoras. Cuidar a otros es una tarea noble y altruista, pero a decir verdad, tremendamente agotadora. Estudios revelan que la mujer cuidadora suele sentirse ansiosa, deprimida, exhausta en lo emocional y lo físico.

¿Cómo es tu vida de pareja? ¿Apoyas o cuidas? ¿Podremos dejar el cuidado de nuestra vida solo a Dios? Yo diría que confiemos en Dios al mismo tiempo que atamos nuestro camello.

Cuento del camello de Anthony de Mello

Un discípulo llegó a lomos de su camello ante la tienda de su maestro sufí. Desmontó, entró en la tienda, hizo una profunda reverencia y dijo:

—Tengo tan gran confianza en Dios, que he dejado suelto a mi camello ahí afuera, porque estoy

47

> convencido de que Dios protege los intereses de los que le aman.
>
> —¡Pues sal fuera y ata a tu camello, estúpido! —le respondió el maestro—. Dios no puede ocuparse de hacer en tu lugar lo que eres perfectamente capaz de hacer por ti mismo.

Se ha observado que las mujeres que han caído en el prototipo de cuidar a la pareja detestan admitirlo, pero apenas disponen de tiempo para dormir. Están muy cansadas y, mientras ellos minimizan el problema, se sienten decepcionadas de sí mismas.

Este tipo de mujeres tienden a ser cariñosas, compasivas, tranquilizadoras, reconfortadoras y comprensivas. Adaptan sus necesidades a las de su pareja. Lo más curioso es que el trato suele no ser recíproco.

Cargamos con la responsabilidad de otro adulto. **La mujer sobreprotege a su compañero como si fuera un ser indefenso**. En esa dinámica enferma, confundimos la falta de interés o voluntad de nuestro hombre con incapacidad.

¿Te encargas de tu pareja como si fuera un niñito? ¿Estarás más bien sucumbiendo a tu miedo a estar solas?

¿Por qué renunciamos al control de nuestra vida?

Aunque las mujeres sí sabemos cuidar, no nos cuidamos a nosotras mismas. No invertimos tiempo en nuestra calidad de vida.

Dios quiere ayudarnos. Quiere que pongamos de nuestra parte para cuidar de nosotras. Nos ha dado el poder para decir lo que queremos.

Atrévete a ser estable y segura. A escuchar tus necesidades. A tratarte con mucho respeto. Cuidar de ti, de tu alimento, vestido y descanso. Nuestra intuición es más intensa cuando nos expresamos y compartimos honestamente.

¿Cuánto del exceso de nuestras actividades proviene de nuestra tendencia a servir y cuidar de los demás?

> El cansancio de la mujer, me consta por experiencia, llega hasta el sufrimiento.

> Las mujeres solemos estar ocupadas siempre, y siempre algo queda pendiente.

¿Por qué ansiar una relación nos vuelve ciegas?

La mujer siente mayor deseo de estar con su pareja que el hombre.

Algunos indicadores para saber si sufres de ansiedad por tener pareja son los siguientes:

- No te concentras por pensar en tu pareja.
- Le llamas todo el tiempo.
- Lo has puesto en un pedestal, como a un dios.
- Crees que es tu única oportunidad.

MILAGROS, 37 AÑOS

Milagros sufre un terrible problema: no puede controlar su ansiedad por tener pareja. Se siente desesperada cuando sale con sus amigas; solo quiere encontrar pareja. Todas sus actividades giran en torno a un hombre. Su búsqueda, como ella misma describe, es irracional. Se lamenta: "Quisiera no necesitar a una pareja. Me voy con el primero que pase con la ilusión de que se convierta en mi pareja. ¡Esto es horrible! Quien me conoce piensa que soy independiente. Dentro de mí siento que es una mentira. No quiero vencerme por esta ansiedad. No me siento completa sin pareja".

FERNANDA, 26 AÑOS

Hace dos años terminé con mi novio. Únicamente he podido salir con hombres que me envuelven para tener sexo. Solo me siento especial si tengo a alguien. Lo más terrible es que con mi última pareja duré seis años. Terminamos y en seis meses se casó con otra mujer, que apenas conocía. Me sentí traicionada y poco valiosa.

¿Cómo se relaciona la crisis económica con la vida sexual en la pareja?

La situación económica se mete hasta en la cama. Te comparto este caso:

Saúl y Marcela hacen el amor. Pero Marcela trata inútilmente de concentrarse, pues en su mente solo están las preocupaciones por las deudas que tienen.

Saúl ve su reloj despertador, ya que al siguiente día se vence el pago de su tarjeta y no sabe cómo pedirle prestado a Marcela.

Según un sondeo realizado por el *Journal of the American Medical Association,* casi el 50% de las mujeres y el 33% de los hombres sufren estrés a causa de problemas económicos.

El estrés derivado de una mala situación económica disminuye el apetito sexual. Se reduce el erotismo e incluso se presentan problemas de disfunción sexual.

Es indudable que la condición económica de la pareja afecta de forma determinante su sexualidad. Así lo señala un estudio llevado a cabo por la Universidad de Newcastle.

Thomas Pollet, coordinador del estudio, destaca la relación del número de orgasmos en las mujeres con el nivel económico de la pareja: "Los orgasmos femeninos aumentan paralelamente a la situación económica de la pareja."

De ahí que la mujer, por un proceso evolutivo, tienda a elegir compañeros de mejor posición económica: esto disminuye su preocupación típica por falta de dinero.

Se siente más segura y protegida.

Cuquita, 40 años

¡Me confieso culpable!

No sé por qué, pero cuanto mayor es el problema económico, menor es el deseo por mi pareja. Vivimos juntos desde hace tres años. Ni luna de miel, ni viajes, nada.

Trato de salvar mi relación. Pero nada pasa. Ambos trabajamos y nos hemos acostumbrado a vivir siempre en crisis. Para colmo, el sexo también se ha visto muy afectado. No lo soporto. Soy experta fingiendo orgasmos. La verdad, me caigo mal por ello.

Entre la crisis, mi trabajo, su crisis y nuestros problemas de pareja, nos estamos separando.

Cada ser humano es único e irrepetible. Y una relación de pareja se basa en un conjunto de puntos a trabajar.

A pesar de que los problemas de pareja son inevitables, pienso que, si cada uno dejamos al descubierto nuestras verdades, será más sencillo que la experiencia fluya naturalmente.

Para mí es fascinante darme cuenta de la evolución de la pareja y la importancia de que la mujer no actúe como una simple víctima.

Lo que en realidad necesitamos las mujeres es armarnos de valor para ser honestas al hablar de estos temas.

Nada modificará nuestra condición de vida en la pareja, a no ser que las mujeres cambiemos nuestro comportamiento. Ejercer la capacidad de elegir nos da un tremendo poder personal. Si nos sentimos intimidadas al hablar sobre este tema, contribuiremos a que crezcan los problemas de pareja.

En esta obra te proporcionaré los instrumentos necesarios para saber comunicar tu verdad, para liberarte del sentimiento de culpa por hablar de temas como sexo y dinero. El mundo del dinero todavía resulta confuso para muchas mujeres. No se manifiesta con claridad, lo cual puede resultar contraproducente.

¿Afecta la crisis la relación de una pareja?

Un mal estado de ánimo o un estrés elevado no son buenos ingredientes para una vida sexual plena. Y ya vimos que esta se vincula estrechamente con los problemas económicos. Es por eso que me parece cada vez más necesario, incluso obligado, que la pareja hable sobre dinero, antes de que sea tarde...

Mi interés personal en esta obra es provocar que te cuestiones constantemente las cosas. Después, puedes intentar comprenderte y comprender a tu pareja.

LOLITA, 49 AÑOS

Amor y abuso

Lolita estaba emocionada con su nueva pareja, un hombre llamado Julio, de quien se había enamorado

---

53

perdidamente. Gritaba a los cuatro vientos que habían nacido uno para el otro.

Sin embargo, una tarde como otra cualquiera apareció la primera señal de dificultades...

Al principio de la relación, Julio siempre pagaba las cuentas. Invitaba a su novia a comer, al cine y a cenar.

El problema era que Julio no tenía un ingreso seguro. Esa tarde le pidió prestado a Lolita para pagar la cuenta, argumentando que no había alcanzado a sacar dinero del banco. Ella accedió. Pero las peticiones se hicieron más constantes, hasta volverse francas exigencias para Lolita.

Ella comenzó a vivir asustada ante la idea de que Julio siguiera presionándola y que al final de cuentas siempre terminara enojado con ella.

Aquel sueño de amor de Lolita cayó hecho añicos a sus pies. Su relación de pareja se convirtió en un infierno.

La madre y los hermanos de Lolita notaron el cambio de su estado de ánimo, pero no querían acusar a Julio de aprovechado.

Lolita estaba consciente de que lo que esa vida no era lo que quería, pero no sabía cómo terminar esa relación. Era un perfecto círculo vicioso.

La última vez que se la hizo, salieron a comer con la familia de Julio. A la hora de pagar, Lolita, como siempre, entregó su tarjeta de crédito al mesero, pero esta vez Julio lo detuvo. Ella observó que escribió algo en una servilleta y se la entregó.

Lolita no sabía si había pedido algún descuento o un crédito en el lugar. Cuando regresó el mesero, entregó a Lolita su tarjeta con el cargo y a Julio la factura con los datos a su favor.

Muchas mujeres como Lolita pasan por una situación similar. Hay parejas que viven una guerra silenciosa por dinero. La finalidad de compartirte estas historias es que te des cuenta. Lo que sigue corre bajo tu responsabilidad.

La crisis de dinero revela problemas estructurales en la relación

Ahora ya sabemos que amar no significa renunciar. Estamos traspasando lentamente los roles tradicionales; aunque en estos momentos nos encontremos en un punto medio, vamos camino a la equidad. Mientras esto ocurre, hay muchas cosas que debemos revisar.

Lo que sí me queda claro es que cada vez tiene menos valor el modelo de pareja donde hay dominante y dominado. Las mujeres nos hemos empezado a cuestionar y debemos adaptarnos a nuevas situaciones.

No se trata de buscar predominios de ningún género, sino de la búsqueda de una relación honesta y armoniosa.

¿La inferioridad económica del hombre provoca su infidelidad?

En un estudio realizado por la socióloga Christin L. Munch, de la Universidad de Cornell de Nueva York, se obtuvo la siguiente conclusión: "Cuanto más depende un hombre de los ingresos económicos de su mujer, mayor es la probabilidad de que le sea infiel".

La investigación explica que los hombres, al sentirse incompetentes, buscan compensar ese sentimiento teniendo más mujeres. Agrega que **la dependencia económica del hombre lo hace menos feliz.** Ocurre lo contrario cuando es la mujer la que depende del marido.

El estudio demostró que el dinero es un factor muy significativo.

Algunos afirman que el varón se siente disminuido cuando su mujer es más exitosa que él en el campo laboral. Parecería que su posición dominante de proveedor está muy arraigada.

Entendamos esto con apertura, ¿te parece?

En nuestros días aún impera el modelo de pareja tradicional. El cambio de roles afecta el ego masculino. Incluso algunos varones desarrollan una actitud violenta ante sus exitosas mujeres. En realidad, aquí aplica aquello de que "No es más quien más tiene", pero habrá que trabajar mucho en ello para comprenderlo del todo.

Algo curioso, en la búsqueda de verdades sobre este escabroso tema pude percatarme de que las mujeres que ganan más dinero que sus parejas tienden a ocultar el monto de sus ingresos, a veces por miedo a que abusen de ellas y las obliguen a pagar todo. Otras veces para no afectar la virilidad de su pareja. En cambio, cuando el hombre gana más, eso lo hace sentirse más viril.

Al mentir en cuestión de dinero no nos damos cuenta del juego psicológico que creamos. Muchas parejas no saben cómo enfrentarlo, cómo hacer que el éxito económico de la mujer no interfiera en la vida de pareja.

Yo pienso que depende de ambos. De cómo él asume el éxito de su pareja y de cómo ella lo vive con humildad.

Una educación machista y controladora no dará como resultado un buen escenario en este tema.

Síntomas de que algo anda mal

Los siguientes son síntomas claros de que la relación anda mal por cuestiones económicas:

1. *Ninguno de los dos miembros de la pareja está dispuesto a hablar ni a proponer cambios.*

2. *Se sienten molestos y evitan hablar del tema directamente.*

3. *Parecería que la comunicación de pareja se estrella contra un muro de resistencia.*

4. *Sienten que pedir lo que necesitan es peligroso.*

5. La dependencia económica del hombre no se ha trabajado abiertamente.

6. Uno o ambos miembros de la pareja están frustrados.

En todo sentido, un hombre inseguro jamás será buen compañero de una mujer exitosa.

Un caso extremo se presentó en la ciudad de Veracruz, donde una mujer vivió durante más de 10 años con una cadena atada a sus pantalones, a manera de cinturón de castidad, que le puso su novio. La policía intervino, pero la mujer no presentó cargos, aun cuando el hombre aceptó haberlo hecho.

El caso se conoció porque esta mujer deseaba ir al baño y no podía hacerlo.

Es muy importante estar conscientes de la importancia de percibir la confianza y seguridad personal antes de iniciar una relación de pareja. De ello depende nuestra salud mental en el futuro, ¿no crees?

¿La pareja discute más por sexo o por dinero?

El tema del dinero puede provocar acaloradas discusiones entre una pareja. El dinero de la mujer es un asunto sobrecargado de emociones.

Cuando hablamos de dinero, la cuestión va más allá del dinero mismo. Se asocia con aspectos como el poder, la seguridad y el control. Sin embargo, sigue siendo un tema poco abordado.

A ello hay que sumar la cantidad de mensajes sociales que afectan a la pareja cuando se trata de este asunto, ya que existen, como hemos visto y seguiremos viendo en el presente libro, claras diferencias entre hombres y mujeres en la relación con el dinero.

No hay una sola fórmula para resolver el problema. es necesario hablar y establecer un mecanismo que permita fluir a la pareja sin descuidar sus necesidades.

Selena, 40 años

Ganar más, cansarse más

Mi esposo y yo peleamos mucho por dinero. Trabajo de ocho de la mañana a ocho de la noche y gano el doble que él. Llego a casa a cuidar a los niños. Tenemos tres hijos de 10, ocho y tres años. Él sale de trabajar a las tres de la tarde y el resto del día se va al gimnasio.

Cuando llego, hago la tarea con mis hijos, los baño y les doy de cenar. Él se enoja si le pido ayuda, dice que es mi culpa por querer trabajar. De paso se queja diciéndome que no soy buena en la cama. Acabo muerta y él no me ayuda. Me siento abrumada con tanta responsabilidad.

No quiero terminar divorciada, pero esto es demasiado para mí.

LUISA, 45 AÑOS

Sueños en tierra ajena

Durante 15 años viví con un hombre. Empezamos cuando yo tenía 30 años, y él, 33. Con mucha ilusión, construimos una casa en un terreno que era de su madre, para lo cual yo puse todos mis ahorros. No había vacaciones ni fines de semana. La idea era casarnos. Yo elegía todos los detalles y era muy feliz con nuestros planes. Lo quería muchísimo. Económicamente estábamos apretados, pero valía la pena por nuestro futuro.

Cuando al fin nos casamos, los problemas aumentaron. Mi vida es terrible. No tengo ilusiones de nada. Él me huye y no quiere hablar conmigo. Siento que lo único que nos mantiene unidos es haber construido la casa. El problema es que el terreno donde está sigue perteneciendo a mi suegra, que no lo ha querido poner a nuestro nombre. Ya no confío en él. Ya no soy feliz. Pero fue mucho lo que invertí.

Como hemos visto, a veces nos buscamos tensiones innecesarias. Al crear una atmósfera muy pesada y cargada, se activan las heridas emocionales de una pareja.

Fomentar vínculos estrechos implica concentrarte en cuidar de tu persona para después no sentir que abusan de ti.

Está claro que Luisa debió prever la situación que vive antes de empezar a construir sobre terreno ajeno.

Cuando se trata de inversiones, es oportuno consultar a un especialista. Para que haya problemas, se necesitan dos. Sé que a menudo no nos damos cuenta de que estamos sembrando dificultades por la emoción de vivir una relación.

Por esa búsqueda incesante de parecer "buena persona" callamos cuando debemos hablar.

¿Cuándo hay que hacer un alto y revisar tu relación?

Responde estas preguntas:

1. ¿Sientes que cedes siempre a las demandas de tu pareja?

2. ¿Te sientes frustrada?

3. ¿Experimentas culpa al hablar de dinero con tu pareja?

4. ¿Temes que la relación termine si dices lo que piensas?

5. ¿Sientes que abusa de ti?

6. ¿Sientes que tienes más obligaciones que tu pareja?

Si respondiste "Sí" a la mayoría de estas preguntas, debes hablar urgentemente con tu pareja.

HILDA, 25 AÑOS

¿Confianza o desconfianza?

Tengo un negocio pequeño del que vivo y con el que sostengo a mi madre. El otro día le pedí a mi novio que me ayudara a contar lo que había ganado y metí el dinero en mi bolsa. Nos fuimos a cenar y yo pagué la cena, como siempre, porque él nunca tiene dinero.

Cuando llegué a casa y guardé el dinero noté que me faltaban 5 mil pesos. Estoy segura de que no los tiré. Le tuve que preguntar por el faltante a mi novio, que se ofendió y me dijo que no tenía necesidad de tomarlo.

El problema es que ya en una ocasión mi hermana se quejó de haberlo visto sacando dinero de mi bolsa.

Estoy muy confundida. No quiero perderlo. Lo amo demasiado.

MARÍA, 35 AÑOS

¿Mejor cuentas separadas?

Me dio mucha tristeza... Me casé muy enamorada de mi esposo. Abrimos una cuenta bancaria mancomunada, pues los dos ahorramos durante mucho tiempo. Llevamos 10 años juntos.

Hace poco, para afrontar un problema de salud que se nos presentó, consulté nuestro saldo y no había nada en la cuenta. Un mes antes los ahorros estaban completos. Le pregunté y me confesó que se los había prestado a su secretaria, pero que no quería hablar más del asunto. Aseguró que ella pagaría; si no, él se haría cargo. He perdido la confianza en mi pareja.

Vulnerabilidad y sus causas

Estas son algunas circunstancias que nos vuelven vulnerables ante nuestra pareja, susceptibles de que abuse de nosotras:

- Necesidad exagerada de una pareja.
- Miedo a la soledad.
- Temor al abandono y al rechazo.
- Necesidad de aprobación.
- Falta de valoración de una misma.

Salud financiera en la pareja: ¿cómo dividir el dinero?

Para administrar el dinero en la pareja hay fórmulas muy diversas. Ante todo, deben comunicarse abiertamente.

Si ambos trabajan, podrían dividirse los gastos a la mitad: 50% cada uno.

Hay quienes realizan una división. Cada uno tiene su cuenta personal y abren otra cuenta en común, en la cual depositan por partes iguales para el fondo social. De ahí se toman los gastos.

Otros, independientemente de lo que gana cada uno, aportan a un fondo común, del cual toman los gastos. Ambos controlan entradas y salidas. Y ambos dicen cuándo se va a gastar en algo.

Hablar con tu pareja sobre el asunto del dinero es vital. El diario financiero *The Wall Street Journal* publicó que *un 70% de las parejas afirman que el dinero es el problema más grave.*

Respira un poco y analiza cuál es la situación económica real de cada uno de ustedes. Y busquen ambos con honestidad un modelo a seguir.

Hazte valer (discriminación de la mujer en el trabajo y la familia)

Nadie puede sentirse valioso si se siente dominado. **Cuanto más la mujer tenga control sobre su vida y su economía, más valiosa se sentirá.**

La sociedad nos enseña a las mujeres a centrar nuestra vida en torno a las necesidades de los demás, olvidándonos de nuestros gustos y necesidades. Pero eso debe cambiar. Desarrollar nuestra ansiada individualidad será un gran paso.

Es nuestra responsabilidad personal atrevernos a preguntarnos directa y claramente:

- ¿Qué es lo que realmente quiero?

- ¿Cuáles son mis necesidades?
- ¿Cómo puedo satisfacerlas yo misma?

Siéntate un momento contigo misma, mujer. Mírate en una silla justo frente de ti. (Puedes utilizar un espejo en este ejercicio.) En voz alta di lo que necesitas en este preciso momento. Comunícate lo que te gustaría escuchar que dijeran de ti otras personas.

Deja de buscar culpables de tu infelicidad. Busca biografías de mujeres exitosas en la sociedad e identifica los factores decisivos en su vida. A continuación te brindo dos casos.

Casos reales

Coco Chanel (1883-1971)

Creatividad y éxito

Nació en una familia muy humilde. Perdió a su madre a los 12 años. Su padre, presionado por la pobreza, entregó a la pequeña a unas monjas, quienes le enseñaron a coser. Tenía una gran imaginación e inventaba historias sobre su origen. Las monjas siempre terminaban regañándola por ello.

Su sueño era abrir una casa de modas, pero carecía de capital. Abrió su primera y elegante tienda para vender sombreros que ella confeccionaba, dándoles su toque personal. Se dedicó a su negocio. No sabía dibujar; hacía sus creaciones sobre las propias modelos.

ANGELICA FUENTES TELLEZ

Mente positiva

Cuando tenía 20 años la contrataron como empleada operativa de una planta de gas licuado en El Paso, Texas. Se propuso crear una planta para vender gas licuado al menudeo. Comenzó con una pipa, un empleado y ella a cargo.

Su lema es "Hoy mejor que ayer". Se define como una mujer de mucha disciplina, trabajo y confianza en sí misma. Nunca ha creído que detrás de un gran hombre hay una gran mujer. Más bien, al lado.

Angélica es una mujer que sabe lo que dice. Confía en las mujeres porque ha visto que logran grandes cosas. Dice con orgullo que se apoya mucho en ellas: constituyen el 71.4% de la fuerza laboral en sus empresas.

Sostiene: "En mi empresa enseñamos a buscar resultados, no dinero. Un vez que tienes el resultado, el dinero llega solo".

Para que la mujer se permita reconocer su poderío personal necesita tener independencia económica, la cual a su vez le posibilitará ejercer ese poder.

De acuerdo con el estudio *Hombres y mujeres en México 2012*, del Instituto Nacional de las Mujeres, la participación de la mujer en diversos ámbitos ha permitido avances importantes. Sin embargo, aún no se logra derribar todas las barreras que impiden que las mujeres incursionen con igualdad en todos los terrenos, ya que a menudo se les compara con los hombres.

El mismo estudio reveló que un 40% de los hogares mexicanos dependen del ingreso de las mujeres.

Más casos reales

MARÍA GUADALUPE MORALES, DE WALMART

Persistencia

María ingresó a esta cadena de supermercados como cajera durante las vacaciones previas a la preparatoria. Ocho años después ya tenía una subgerencia. Actualmente es vicepresidenta de Walmart. Al principio todos cuestionaban su capacidad; hoy nadie duda de ella.

GABRIELA HERNANDEZ CARDOSO, DE GENERAL ELECTRIC

Pasión

"Lo que hay que hacer es trabajar con mucha pasión y teniendo claro por qué y para qué. Luchar por lo que se quiere y alcanzar el balance profesional y personal", dice Gabriela. Para ella el éxito no es cuestión de género, sino de decisión.

Pero, ¿cómo sentirnos valiosas, deseables, merecedoras de amor, admirables, respetadas? Nadie puede hacerlo por ti. Si tú misma te encuentras satisfecha, no buscarás desesperadamente a una pareja para que te haga sentirlo. De ahí la falacia de que tu pareja debe hacerte sentir valiosa.

Aspiro a que en este punto de la lectura estés pensando en tu responsabilidad personal de sentirte bien en tu caminar por esta vida.

> Todo mundo, decía Mary Kay, tiene un anuncio invisible que dice: "Hazme sentir importante". Recuérdalo la próxima vez que te veas al espejo.

Así fue como, descubriendo poco a poco mis potenciales, aprendí a manejar mis emociones y desde mi inteligencia dirigí mis relaciones de pareja.

Empecé a sentirme muy preciada. Creí fielmente que valía. Lo mejor de todo es que ya no lo hice para conseguir el amor de un hombre. Me sentí importante por mí misma.

Me di cuenta de cuántas cosas hice para conseguir el amor. Yo misma me resté importancia. En el fondo lo único que necesitaba era sentirme valiosa. Comprendí cuánto me esforcé por tener una relación. Aguanté muchas cosas, no por buena sino porque no me quería, porque me daba miedo estar sola. Me sacrificaba esperando que mi pareja me valorara de verdad. Una inversión de tiempo inadecuada, por cierto.

Llegué a aceptar que solo yo creaba mi realidad y solo yo podría cambiarla. Simplemente tenía lo que inconscientemente deseaba.

Logré aceptarme tal cual soy. Acepté mi pasado, lo bueno y lo malo. Acepté la forma en que me traicioné a mí misma. Mi debilidad y mi sombra. Dejé de molestarme. Me dediqué a conseguir lo que el amor a mí misma quería.

Todas las respuestas estaban en mí. Como hoy están en ti. Esperando ser rescatadas.

No justifiques más la miseria en tu relación de pareja. Alimenta tu autoestima cada día.

En México no hay empresas grandes dirigidas por una mujer. En Estados Unidos hay tan solo 21 mujeres que forman parte de las 500 fortunas a nivel mundial.

En los hogares mexicanos donde ambos padres laboran tiempo completo, la mujer realiza 2.3 veces más trabajo que su esposo e incluye el cuidado de los hijos.

Cuando una mujer adquiere poder, suele ser menos amada y los candidatos para casarse con ella disminuyen. Parecería que el mundo aún no está preparado para ver a una mujer con poder.

¿Las mujeres se opacan a sí mismas?

Mi abuela era una mujer increíble que me enseñó muchas cosas de las que ahora me siento tremendamente orgullosa. Pero también recuerdo cómo cada mañana, sin que mi abuelo lo supiera, completaba el dinero que daba a cada uno de sus 13 hijos con el producto de su trabajo personal, el cual también realizaba a escondidas de mi abuelo, ya que a él le habría molestado pues no quería que descuidara a ninguno de sus hijos. Cuando observé esa rara práctica, le pregunté a mi abuela por qué lo hacía.

Susurrando, me contestó: "Nunca debes hacer sentir mal a un hombre, nunca lastimes su orgullo, podría costarte tu matrimonio".

A mis escasos seis años, aquello me sonó bastante extraño. ¿Mi abuelo no debía sentirse orgulloso de su esposa?

Ahora como adulta soy responsable de lo que vivo. Puedo decidir qué pareja me conviene o no. Me permito solo lo mejor. Soy creadora de mi destino.

La idea que tenía de mí, de lo que es una relación de pareja y del éxito, se transformó notablemente.

Cambié la idea que tenía de mi persona por una más hermosa.

Risoterapia

Entre amigas platicaban:

—Yo fui quien hizo de mi esposo un hombre rico.

—¿Y qué era antes de casarse contigo?

—Un millonario.

Ejercicios prácticos

1. Revisa dónde está tu atención ahora mismo en relación con la pareja y el dinero.

2. Reflexiona ¿qué juicios vienen a tu mente?

3. Analiza ¿qué energía sientes en este preciso momento en tu cuerpo?

4. Elabora un pergamino donde describas tres acuerdos que logres con tu compañero sobre el tema del dinero en la pareja.

5. Describe tu experiencia al hablar de dinero con tu pareja. Hazlo sin palabras, represéntalo con un dibujo.

Capítulo 4

Cómo hablar de dinero en la pareja

*"Si no te quiere como tú quieres que te quiera,
¿qué importa que te quiera?"*

—Amado Nervo

—*Ya no quiero ser víctima, quiero ser protagonista de mi vida. Pero no sé cómo hacerlo.*

—*¿Por qué no? —pregunté, y el silencio reinó en el consultorio.*

Georgina, una mujer de 50 años, me comentaba que se había casado desde los 15 con Mauricio, su único novio. Tenían tantos problemas económicos que ella optó por conseguir un puesto en un tianguis, donde comenzó a vender bolsos de piel. Se fue conectando tan efectivamente que a los pocos años ya podía pagar la renta de un local.

A los 10 años de que emprendió su negocio, exportaba e importaba bolsos de marca. Fue entonces cuando su marido, un hombre ya de 30 años, sorprendido por el crecimiento de su esposa en su negocio familiar, le exigió que le entregara la empresa y su control absoluto, pues él era el hombre de la casa.

Para ese entonces ya tenían tres hijas, de ocho, siete y seis años, respectivamente, de quienes Georgina se había hecho cargo, ya que su esposo, empleado de una tienda de abarrotes, trabajaba hasta muy tarde.

En un principio Georgina no aceptó, pero Mauricio le reclamaba argumentando que lo descuidaba y terminó por confesarle que le había sido infiel porque no soportaba que ella fuera más exitosa que él.

Georgina, con el afán de salvar su matrimonio, entregó la empresa a su esposo. Cinco años más tarde la llevó a la ruina.

Mauricio terminó en la cárcel por fraude. Ella se endeudó mucho para liberarlo y volvió a empezar su negocio desde cero.

El motivo de la consulta era que su empresa nuevamente era próspera y que sus hijas, ahora de 18, 19 y 20 años la apoyaban, pero su marido no soportaba su éxito.

Lo primero que hicimos con Georgina fue pedirle que reconociera qué actitudes la habían llevado al problema que estaba viviendo:

1. **Falta de franqueza.** *"Porque yo no le decía a mi marido que no estaba de acuerdo en que me quitara mi negocio."*

2. **Desconfianza en sí misma.** *"Pensaba que terminaría abandonándome por no compartir el negocio con él."*

3. **Inconsciencia.** *"No valoraba mis esfuerzos para realizar mi trabajo."*

4. **Ingratitud.** *"No me sentía agradecida con la vida por todo lo que había logrado."*

5. **Inseguridad.** *"No pensé que pudiera hacer algo."*

7. **Poco amor por sí misma.** *"No me valoraba para defender mi postura."*

8. **Cobardía ante la vida.** *"Me daba miedo que me abandonara."*

9. **Desatención a la realidad.** *"La verdad es que su actitud es abusiva."*

10. **Indiferencia ante sus necesidades personales.** *"Lo que cuenta es él y mis hijas."*

Lo que más le molestaba a Georgina era no saber cómo decírselo a Mauricio. Le pedí que trabajáramos su comunicación desde su cuerpo, mente y espíritu.

De qué manera expresaría su mensaje desde cada lugar.

La mayoría de las personas no tenemos dificultades para expresarle a un tercero lo que quisiéramos decirle a la pareja, pero es mucho más difícil cuando a esta debemos decírselo directamente.

¿Existe algún secreto para decir lo que queremos desde nuestro cuerpo? Te sugiero lo siguiente:

- Ten claro en qué crees.
- No calles por miedo.
- Cumple el compromiso que tienes contigo.
- No te traiciones.
- Sé honesta.

Comunicarnos a través del cuerpo requiere un proceso sensitivo, no reflexivo. No hay que usar frases como "Debería", "No puedo", "No soy capaz", "Tengo que"…

Ejercicio

¿Cómo sentir el mensaje del cuerpo?

Sitúate de pie en tu habitación. Busca que tus pies estén paralelos a tus hombros. Rodillas ligeramente dobladas. Brazos relajados. Comienza por sentir cada parte de tu cuerpo. Primero los pies. Percibe cómo se siente cada parte específicamente. Describe con tus palabras cómo sentiste tu cuerpo.

Por lo general recibimos millones de señales de nuestro cuerpo, pero necesitamos tomar conciencia de las mismas. Si quiero comunicarme mejor con los demás, primero trabajo haciéndolo conmigo misma.

Tengo la plena convicción de que mi sistema emocional se comunica con mi cuerpo.

De ahí viene mi pérdida o aumento de energía. Puedo sentir cuando me relaciono de forma positiva o negativa con alguna persona.

Es como si mi cuerpo fuera tan sabio que la intención del otro se reflejara en él y reaccionara con mecanismos de protección. Para ello hay que acoger amorosamente sus mensajes. Sin angustia o culpa alguna. No son necesarias las palabras, se trata de experimentar las sensaciones.

Nuestro cuerpo requiere comprensión y confianza para comunicarse.

¿Te has familiarizado con tu espíritu? ¿Qué es lo que este desea? ¿Qué lo alimenta? ¿Qué te hace estar en paz contigo misma?

Recuerdo el caso de una paciente llamada Valeria. Desde que se casó perdió el interés por pintar. Era una verdadera artista. Pero se traicionó a sí misma pensando que su abandono ayudaba a su pareja. Perdió la conexión consigo misma y con ello su alegría. Siempre estaba cansada.

Prestar atención a tu espíritu te da paz. Se nos ha convencido a las mujeres de renunciar a nosotras mismas, y por eso, cuando nos ponemos atención, nos sentimos egoístas.

¿Cómo conectarnos con nuestro espíritu?

- Ora.
- Escucha música.
- Camina por un parque.
- Ríe.
- Realiza actividades placenteras.

Te habrás conectado cuando te sientas tranquila y profundamente satisfecha. Dedica por lo menos 15 minutos al día a realizar una actividad que disfrutes. Realiza todo aquello que nutre tu esencia.

La mente construye tu mundo

Tu mente se comunica y tu cuerpo le sigue. El cuerpo y la mente se compenetran. No trates de dominar a ninguno.

Desde que nacemos, por ignorancia los adultos nos enseñan a pasar por alto nuestro cuerpo. Comemos cuando la madre dice, no cuando tenemos hambre.

En mi trabajo como facilitadora de procesos he podido percatarme de que todos sabemos cuál es nuestro problema y cómo solucionarlo. El problema es nuestra resistencia a hacer lo que sabemos que debemos hacer.

Mi mente dicta cómo me siento. Pero soy
libre para elegir con qué pensamiento
me quedo.

Muchas de las creencias que albergo en mi mente vienen desde mi niñez. Cuando lo comprendí, dejé de sentirme culpable o responsable de los demás.

Mi mente es el almacén de mis experiencias acumuladas. Mi mente genera ideas que a veces no se ajustan a la realidad, sino que son producto de mi miedo.

Tu mente y mi mente almacenan más información de la que tenemos idea. Solo hay que saber hacer las preguntas correctas para que esta información fluya.

Un trabajo importante consiste en filtrar los pensamientos limitantes. Y darle permiso a la imaginación para que fluya el torrente de ideas.

Te sugiero hacerte preguntas como estas:

- ¿Qué crees que conseguirás al final del camino de tu vida que haya valido la pena?
- ¿Qué crees que conseguirás al final de este día?
- ¿Cómo se relacionan ambas respuestas?

Para escuchar a tu mente recuerda que antes debes haber establecido prioridades. Sobre ellas procura trabajar tus respuestas.

Georgina ya estaba lista para aplicar lo que vimos. Antes de hablar con su pareja, ordenó el mensaje claramente en su cuerpo, espíritu y mente.

Mauricio puso su propia empresa. Georgina es su proveedora. Su relación marcha mejor. Y pensar que Georgina juraba que ser clara con su esposo le costaría el matrimonio…

MARICARMEN, 49 AÑOS

Ni dinero ni acuerdos

El dinero es un problema porque mi pareja nunca acepta ni le gusta hablar de él. Lo considero un hombre "codo". Es mi segundo esposo. Con el primero no me sucedía esto. Con el padre de mis hijos no sabía cuánto ganaba, pero él se encargaba de todo. Con mi actual esposo el problema llega a tal grado que mi vida personal e íntima se ha visto afectada, porque yo no me siento motivada. ¡Y todo por el dinero! Tenemos un año de casados e invierto en mi casa todo mi sueldo de 14 mil pesos. De él no sé nada, y no quiere aportar.

SILVIA, 60 AÑOS

No repetir el patrón

Cuando me casé, pensé que los aspectos más importantes del matrimonio eran la cama y el dinero. Muchas veces vi a mis padres pelear por cuestiones económicas y me propuse no repetir la historia. Decidí que lo que me diera mi marido "me iba a alcanzar". Siempre he sido muy ahorrativa y mi marido piensa que en mis manos el dinero se multiplica, así que por suerte nunca ha habido problemas en ese aspecto. ¿Qué paga mi marido? Bueno, él me da todo lo que gana y yo me encargo de que alcance y sobre para ahorrar...

Haz una lista de tus necesidades, de lo que deseas plantearle a tu pareja. Procura describirle una a una. Por favor, recuerda no acusarlo de tu desdicha. Hazlo con claridad, sin lágrimas.

Expresar tus necesidades de ninguna manera es sinónimo de presentar una lista de quejas.

No podemos resolver un problema si no tenemos claro el esquema en nuestra mente. No esperes a que él adivine tus pensamientos. Si quieres algo, dilo. Especifica lo que necesitas y consíguelo.

No quiero cerrar este capitulo sin compartir contigo uno de los cuentos más bellos que he leído en el que se relacionan amor, dinero y pareja.

Una bella historia

El cuento de los tres consejos

De Gilberto Maxe Suxe

Una pareja de recién casados era muy pobre y vivía de los favores de un pueblecito del interior. Un día el marido le hizo la siguiente propuesta a su esposa:

—Querida, voy a salir de la casa. Voy a viajar muy lejos, buscar empleo y trabajar hasta tener condiciones para regresar y darte una vida más cómoda y digna. No sé cuánto tiempo voy a estar lejos, solo te pido una cosa: que me esperes y, mientras yo esté lejos, me seas fiel, pues yo te seré fiel a ti.

Así, siendo joven aún, caminó muchos días a pie, hasta encontrar a un hacendado que necesitaba a alguien para ayudarlo en su hacienda. El joven llegó y se ofreció para trabajar, y fue aceptado.

Pidió hacer un trato con su jefe, el cual fue aceptado también. El pacto fue el siguiente:

—Déjeme trabajar por el tiempo que yo quiera, y cuando yo encuentre que debo irme, el señor me libera de mis obligaciones. Yo no quiero recibir mi salario. Le pido al señor que lo coloque en una cuenta de ahorro hasta el día en que me vaya. El día que yo salga, usted me dará el dinero que yo haya ganado.

Ambos estuvieron de acuerdo. Aquel joven trabajó durante 20 años, sin vacaciones y sin descanso. Al cabo de esos años, se acercó a su patrón y le dijo:

—Patrón, quiero mi dinero, pues deseo regresar a mi casa.

El patrón le respondió:

—Muy bien, hicimos un pacto y voy a cumplirlo, solo que antes quiero hacerte una propuesta, ¿está bien? Yo te doy tu dinero y tú te vas; o te doy tres consejos y no te doy el dinero y te vas. Si te doy el dinero, no te doy los consejos, y viceversa. Vete a tu cuarto, piénsalo y después me das la respuesta.

Lo pensó durante dos días. Buscó al patrón y le dijo:

—Quiero los tres consejos.

El patrón le recordó:

—Si te doy los consejos, no te doy el dinero.

Y el empleado reafirmó:

—Quiero los consejos.

Entonces el patrón se los dio:

1. Nunca tomes atajos en tu vida. Caminos más cortos y desconocidos te pueden costar la vida.

2. Nunca seas curioso de aquello que represente el mal, pues la curiosidad por el mal puede ser fatal.

3. Nunca tomes decisiones en momentos de odio y dolor, pues puedes arrepentirte demasiado tarde.

Después de darle los consejos, el patrón le dijo al joven —que ya no era tan joven—: Aquí tienes tres panes: dos para comer durante el viaje y el tercero es para comer con tu esposa cuando llegues a tu casa.

El hombre entonces emprendió el camino de vuelta, tras 20 años lejos de su casa y de su esposa, que tanto amaba.

Después del primer día de viaje, encontró a una persona que lo saludó y le preguntó:

—¿Para dónde vas?

Él le respondió:

—Voy para un camino muy distante que queda a más de 20 días a pie por esta carretera.

La persona le dijo:

—Joven, este camino es muy largo. Yo conozco un atajo por el cual llegarás en pocos días.

El joven, contento, comenzó a caminar por el atajo, cuando recordó el primer consejo: "**Nunca tomes atajos en tu vida.** Caminos más cortos y desconocidos te pueden costar la vida". Entonces se alejó de aquel atajo y volvió al camino normal. Dos días después se enteró de que otro viajero había tomado el atajo y de que lo asaltaron, lo golpearon y le robaron toda su ropa. Ese atajo llevaba a una emboscada.

Después de algunos días de viaje, y agotado al extremo, encontró una posada a la vera de la carretera. Era muy noche y parecía que todos dormían, pero una mujer malencarada le abrió la puerta y lo atendió. Como estaba tan cansado, le pagó la tarifa del día sin preguntar nada. Después de tomar un baño se acostó a dormir.

De madrugada se levantó asustado al oír un grito aterrador. Se puso de pie de un salto y se dirigió a la puerta, decidido a ir hacia el sitio de donde provino el grito. Cuando estaba abriendo la puerta se acordó del segundo consejo: "**Nunca seas curioso de aquello que represente el mal, pues la curiosidad por el mal puede ser fatal**". Así que retrocedió y se acostó a dormir. Al amanecer, después de tomar café, el dueño de la posada le preguntó si había oído un grito. Le contestó que sí.

—¿No sintió curiosidad? —inquirió el dueño de la posada.

Contestó que no.

El dueño le respondió:

—Usted ha tenido suerte en salir vivo de aquí, pues en las noches nos acecha una mujer maleante, con crisis de locura, que grita horriblemente, y cuando el huésped sale a enterarse de lo que está pasando, lo mata, lo entierra en el quintal y luego se esfuma.

El joven siguió su larga jornada, ansioso de llegar a su hogar. Al cabo de muchos días y noches de caminata, cuando ya caía la tarde, vio entre los árboles humo que salía de la chimenea de su pequeña casa. Apretó el paso y descubrió entre los arbustos la silueta de su esposa. Aunque estaba anocheciendo, alcanzó a distinguir que no estaba sola.

Se acercó un poco más y vio que ella tenía en su regazo a un hombre, al que estaba acariciándole el cabello. Cuando contempló aquella escena, el corazón se le llenó de odio y amargura, y decidió correr hacia ellos y matarlos sin piedad. Respiró profundamente, apresuró sus pasos y en eso recordó el tercer consejo: "**Nunca tomes decisiones en momentos de odio y dolor, pues puedes arrepentirte demasiado tarde**". De manera que se detuvo y reflexionó. Optó por dormir ahí mismo aquella noche y al día siguiente tomar una decisión.

Al amanecer, ya con la cabeza fría, dijo:

—No voy a matar a mi esposa. Voy a regresar con mi patrón a pedirle que me acepte de vuelta. Solo que antes quiero decirle a mi esposa que siempre le fui fiel.

Se dirigió a la puerta de la casa y tocó. Cuando la esposa le abrió la puerta y lo reconoció, se colgó de su cuello y lo abrazó afectuosamente. Él trató inútilmente de quitársela de encima.

Con lágrimas en los ojos, él le dijo:

—Yo te fui fiel y tú me traicionaste.

Ella, espantada, le respondió:

—¿Cómo...? Yo nunca te traicioné. Te esperé durante 20 años.

Él le preguntó:

—¿Y quién era ese hombre que acariciabas ayer en la tarde?

Ella contestó:

—Aquel hombre es nuestro hijo. Cuando ya te habías ido descubrí que estaba embarazada. Hoy tiene 20 años de edad.

Entonces el marido entró a conocer a su hijo y lo abrazó. Luego les contó toda su historia, mientras su esposa preparaba la cena. Se sentaron a comer juntos el tercer y último pan que le había dado

COMO HABLAR DE DINERO EN LA PAREJA

> su patrón. En seguida, con lágrimas de emoción, lo partió. Al abrirlo encontró todo su dinero, el pago de sus 20 años de dedicación...

¿Qué te dice esta historia sobre el amor y la confianza en la pareja?

¿Qué representa para ti la renuncia del hombre al dinero a cambio de los tres consejos?

¿Cómo maneja el hombre su miedo y desconfianza a la esposa?

¿Qué representa el dinero en esta historia?

Esta historia me parece que expresa de forma muy natural el valor de la confianza en la pareja en todas las áreas de la vida.

La confianza se trabaja en el día a día y se vuelve el cimiento inquebrantable de una relación.

Risoterapia

Durante una acalorada discusión sobre dinero, el marido dijo:

—Si hubieras aprendido a cocinar y limpiar la casa, podríamos despedir a la sirvienta y ahorrarnos ese dinero.

La mujer le contestó:

—Si hubieras aprendido a hacer el amor, podríamos despedir al chofer y al jardinero.

Ejercicios prácticos

1. Describe tus expectativas de vida en cuanto a nivel económico.

2. Escribe tres hechos que demuestren que no tienes problemas de manejo de dinero con tu pareja.

3. Haz un diario de evolución de pareja. Trabajen todos los días con un renglón cada uno, compartiendo cómo se sienten en la relación. Solo un renglón; no te quitará tiempo y sí te facilitará centrarte en la dinámica de tu relación. Es un renglón cada uno. Te prometo que te ahorrará bastante en terapias.

Capítulo 5

El hombre se ofende y la mujer se culpa

"Cada acierto nos atrae un enemigo; para ser popular hay que ser mediocre."

—Oscar Wilde

Vamos duro y directo:

HILDA, 30 AÑOS

No es un vividor

Desde hace cinco años salgo con un hombre de 35 que toca en una banda de rock. El asunto es que siempre quiere que le dé dinero. Me siento obligada a dárselo para que no se enoje. Yo recibo un apoyo de mis padres porque con mi sueldo no me alcanza. Lo amo muchísimo, y él dice que me ama más que yo a él. Pero cuando intento no entregarle dinero, me da a entender que soy mala. No creo en sus promesas, pero quiero quitarle este mal hábito

---

de pedir dinero siempre. Él no es un vividor. No entiendo cómo ayudarlo. Él se siente ofendido por mi actitud.

Milagros, 32 años

Amor indispensable

Llevo tres años con mi novio; desde hace dos siempre me pide prestado y luego no me paga. Esto me desilusiona. Lo que me mantiene unida a él es su amor. Me haría falta si terminamos. No sé cómo hacer para no prestarle dinero.

Graciela, 27 años

Ofendido

Acabo de romper con mi novio. Él es mayor que yo, tiene 40 años. Me pidió 40 mil pesos, y como no se los presté me dejó de hablar. Cuando lo volví a ver me dijo que no podía seguir con alguien que no confiaba en él, que yo no se lo iba a dar prestado a cualquier persona, sino a él. Llevábamos dos años y terminamos.

Perla, 30 años

¿Materialista?

Tenía una relación de seis años con mi pareja. Desde el principio me pedía dinero. Yo gano muy bien porque tengo una empresa. Somos de la misma edad. Pero a él no le va bien. De pronto se portó indiferente conmigo y comenzó a ofenderme. Me dijo que yo amaba más mi dinero que a él. Que solo volvería conmigo si lo dejaba manejar mi negocio. Desde luego terminé y me quedé sin novio. Pero con mi empresa.

Tacaña, egoísta, poco solidaria, materialista, despiadada y envidiosa son algunos de los adjetivos que nos adjudicamos cuando decimos "No" a nuestra pareja. Nos desconcentramos del motivo por el que lo hacemos.

La evaluación que hacemos de nosotras mismas se opaca con nuestra sensación de culpa. ¿Soy verdaderamente egoísta? ¿Debería ceder?

Nuestras creencias revolotean en nuestra nublada mente. Es cuando preferimos fallarnos a nosotras mismas que al otro. Con el tiempo se nos vienen encima las consecuencias de tan mala decisión.

Cuando te miras al espejo por la mañana, ves el rostro de una mujer complaciente que no supo decir "No" a su pareja. El resultado: nos traicionamos a nosotras mismas y nos sentimos fatal.

Cómo evitar el dolor por decir "No"

Decir "No" a lo que NO nos conviene nos genera presión. No nos resulta ni cómodo ni fácil proteger nuestras necesidades. Nos sentimos muy confundidas.

Perdemos el sentido cuando perdemos nuestro respeto personal.

> Y una vez que perdemos nuestra dignidad
> y respeto, nada nos queda.

Proteger nuestras necesidades personales puede ser aterrador y traernos muchas consecuencias, como el rompimiento de una relación. Pero, ¿vale la pena aferrarse a lo que no funciona?

Si descuidamos nuestras necesidades, definitivamente erraremos el rumbo, y eso ni a ti ni a mí nos conviene.

Durante mucho tiempo justifiqué los problemas económicos de mi pareja. Desde el principio habló de matrimonio. Era un hombre muy detallista y cuidadoso con mi persona. Al año me entregó públicamente el anillo de compromiso. Pero al pasar el tiempo yo no veía nada claro: dónde viviríamos, cómo saldríamos adelante. Su sueldo era mucho menor que el mío. Y mientras yo cada vez ganaba más, curiosamente él ganaba menos. A los dos meses de haberme dado el anillo, al salir de mi programa de radio por la mañana, me llamó para presionarme con la fecha de boda. Fue la última llamada que recibí en mi celular; en ese momento me encontraba dentro de mi auto. Cuando llegué a mi oficina me percaté de que no llevaba el celular. Aún no lo tengo claro, pero estoy segura de que lo arrojé intencionalmente por la ventana. Pese a que no lo recuerdo, no hay otra explicación.

Esa noche él me volvió a mencionar lo de la fecha de la boda. Era tanta mi tensión que caí enferma de pulmonía. Durante mi enfermedad nunca me preguntó si necesitaba algo. Por fortuna, yo ganaba lo suficiente, pero no me pareció adecuado que alguien que pensaba convertirse en mi esposo fuera tan desconsiderado. Una vez que salí de la enfermedad me armé de valor y se lo dije:

—¿Cómo piensas que podemos casarnos? ¿Dónde viviremos? ¿Cómo pagaremos las cuentas?

El silencio reinó en la habitación. Por supuesto, no hubo boda.

Nos acostumbramos a ser las buenas de la película. Llegamos a creernos que somos muy felices aunque nuestro cuerpo nos grite lo contrario.

Te sorprenderás de lo que puedes llegar a crecer si dejas de mentirte. Las discusiones por dinero son naturales en una pareja. Aun cuando pienses que en la pareja todo es de todos, la verdad es que es mucho mejor hablarlo. Las decisiones deberán tomarse con claridad.

¿Quién tiene la culpa?

La mujer tiende a culparse de todo. Desde que venimos al mundo oímos infinidad de frases como:

- "Debes ser buena."
- "No seas mala."
- "Cuida de los demás."
- "Debes ser buena con todos."

Esto nos dificulta mucho poner límites. Nadie quiere parecerse a la bruja mala del cuento. Reprimimos las ganas de gritar: "¡No quiero!". Por eso nos sentimos muy mal si terminamos solas por decir la palabra NO.

La verdad es que tampoco nos sentimos mejor por decir "Sí" a todo. No podemos complacer a todos. ¿Estás de acuerdo conmigo? Con trabajo podemos buscar estar bien con nosotras mismas. No renuncies a ti. No lo hagas mientras puedas. Realiza tu mayor esfuerzo. Siempre podremos volver a empezar.

Las mujeres nos sentimos culpables y nos refugiamos en el silencio. ¿Cómo podemos ser tan injustas, groseras, malvadas? Tendríamos que resistir un poco más, conservar, solucionar los problemas.

La pena y la culpa marcan los límites sociales. Erickson se refiere a ello cuando habla de la tensión por la iniciativa y la limitación de la culpa desde nuestro inconsciente. A las mujeres la carga de culpa nos lleva a la frustración y el desbordamiento emocional.

Sé que suena muy cruel pero, ¿es importante que alguien nos recuerde que somos libres? En muchos casos la culpa toma la forma de autoacusación. Si por alguna razón en nuestra infancia vivimos violencia en cualquiera de sus formas, la falta de valoración como personas es terreno fértil para sentirnos culpables casi de manera natural.

Hay algo que quiero compartirte, mujer, ya, en este momento: no son nuestros padres los que siguen determinando nuestras respuestas. Te corresponde a ti como ser humano adulto ocuparte de tus necesidades sin culpar a los demás. Dejemos fuera de nuestra vida la actitud de víctima y aceptemos que nuestra falta de compromiso con nosotras mismas nos ha llevado a lugares de conflicto.

Dejemos el pasado.

Tengamos un plan digno para nuestra vida.

Millones de mujeres han destruido su vida sintiéndose culpables. Tenemos miedo al enfado. Esa es la famosa culpa.

Si tú, mujer, no crees que tu pareja debe saber lo que necesitas es porque no crees en ti misma. Si tú no cuidas de tus necesidades, nadie más lo hará.

¿Qué hay que hacer para pedir sin miedo?

1. **Conócete a ti misma.** *Solo podemos ser honestas si nos conocemos. Invierte tiempo en entenderte. Es tu derecho vivir al máximo.*

2. **Consiéntete.** *Por experiencia te digo: si te consientes a ti misma con entusiasmo y dedicación, no perderás la maravillosa experiencia de pedir sin miedo lo que necesitas. O mejor aún, sin sentirte culpable. Relájate y sé más inteligente; disfruta, no estás exenta de ello.*

3. **Toma tu lugar.** *No hay nada de malo en pedir las cosas como son. Deja de seguir fantaseando con encontrar un día tu príncipe azul. Observa todo lo que puedas de tu pareja y actúa coherentemente.*

Una linda historia

La siguiente historia es de Hans Christian Andersen. Le hice algunas adaptaciones con el fin de resaltar el serio problema de no saber pedir lo que queremos.

La niña de las zapatillas rojas

Hubo una vez una niña que caminaba por la calle. A pesar de ser muy pobre y no tener familia, era sumamente feliz. Brincaba libremente por los charcos de la avenida principal del pueblo con unos extraños y viejos zapatos rojos de tela que ella misma había cosido.

Acertó a pasar por el camino esa mañana un carruaje viejo y elegante perteneciente a una anciana muy rica, quien al ver a la pequeña sintió mucha pena y se le acercó.

—Eres muy linda —dijo la anciana—. Te invito a vivir a mi casa. Yo te cuidaré con mucho cariño.

La niña, encantada, subió al carruaje y llegó al castillo donde vivía la mujer.

La anciana la llenó de regalos y le quitó los mugrosos zapatos rojos de tela que la niña tanto amaba. Le entregó a cambio unas elegantes zapatillas negras de charol.

Todos los domingos la llevaba a misa con ella. Un día salieron de compras y la niña se enamoró de un par de zapatillas rojas de charol. Entre tantas cosas, la mujer pagó la cuenta y se llevó todo a casa.

La pequeña lucía sus zapatillas con orgullo, y una mañana en que llegaron al templo la gente comenzó a susurrar: "¡Qué vergüenza! ¡Zapatillas rojas! ¡Cómo llaman la atención!" La anciana, que era muy distraída, no entendía nada hasta que la más chismosa del pueblo se lo dijo.

Furiosa, la anciana ordenó a la pequeña quitarse las zapatillas rojas.

La niña lo hizo. Pero todas las noches salía a bailar y jugar con sus zapatillas de color rojo y se sentía inmensamente feliz.

Una noche la anciana la sorprendió con las zapatillas y después de armarle un drama le ordenó de nuevo que se las quitara. Por más que lo intentaron, la tarea resultó imposible.

Llamaron al zapatero. Extrañamente, se habían encarnado en sus pies.

El zapatero les explicó que eran unas zapatillas mágicas que se adherían a los pies de las mujeres felices y libres.

La anciana lloró de enojo y sentenció a la atribulada pequeña:

—O te las quitas o pierdes mi amor. Te he dado todo y así me pagas.

La pequeña se sintió culpable y le pidió al zapatero que amputara sus pies junto con las zapatillas para darle gusto a su anciana tutora.

Así fue. La niña perdió sus pies junto con las zapatillas rojas. La anciana la confinó a un rincón del lujoso castillo, pues la pequeña se volvió triste y aburrida. Cuentan que meses después murió en ese rincón.

¡Qué enseñanza tan terrible! ¿Cuántas veces te has traicionado a ti misma por complacer a los demás?

Risoterapia

Un individuo le comenta a otro:

—Mi mujer siempre me pide dinero. La semana pasada 3 mil pesos. Ayer 5 mil pesos y hoy mil.

—¿Qué hace con tanto dinero?

—No lo sé. Porque jamás se lo he dado.

Ejercicios prácticos

Elabora tu proyecto de vida en pareja de forma divertida. Llena el siguiente cuadro.

¿Quién soy como persona? (Él)	¿Quién soy como persona? (Ella)
Mis tres metas principales 1. _____ 2. _____ 3. _____	Mis tres metas principales 1. _____ 2. _____ 3. _____
Nuestras tres metas principales como pareja: 1. _____ 2. _____ 3. _____	¿Cómo sabremos que lo estamos logrando? 1. _____ 2. _____ 3. _____
Las capacidades que como pareja contamos: 1. _____ 2. _____ 3. _____	Las limitaciones que como pareja tenemos: 1. _____ 2. _____ 3. _____

Capítulo 6

Sin tanto terror ni tanta sumisión

"El éxito es la habilidad de ir de fracaso en fracaso sin perder el entusiasmo."

Winston Churchill

La psicóloga estadounidense Martina Horner presentó una investigación sobre la ansiedad que el éxito provocaba a las mujeres. Con diferentes ejercicios pudo darse cuenta de que, mientras un hombre disfrutaba de sus logros y lo gritaba a todo pulmón, una mujer tendía a sentir miedo por el rechazo, temor de perder su feminidad e inclinación a minimizar o negar su éxito.

Horner se cuestionaba si, para evitar el éxito, la mujer creaba conflictos y con ello contaminaba sus logros. Hasta ahora no hay pruebas científicas que avalen el miedo de las mujeres al éxito. Pero me queda claro que nos cuesta hablar de este sin sentir una fuerza interior que nos impulsa a acallarlo.

De alguna forma es bien visto que la mujer trabaje fuera de casa para "ayudar". Pero, ¿qué pasa cuando el ingreso de la mujer se vuelve el principal y no el secundario?

La mayoría de las investigaciones apuntan a que en el ámbito laboral las mujeres compiten en condiciones menos favorables que los hombres. En igualdad de educación, trabajo y experiencia, el salario de la mujer es más bajo, y su ascenso, mucho más lento.

Sigmund Freud, el padre del psicoanálisis, dijo:

> "A pesar de los años que llevo investigando el alma femenina, todavía no he sido capaz de contestar la gran pregunta: ¿Qué quiere una mujer?"

La necesidad de la mujer de ser amada tiene mucho que ver con la forma en que actuamos durante nuestra convivencia en pareja. Para el hombre es más importante la necesidad de ser admirado. El problema surge cuando el hombre admira a su mujer y la mujer cuida a su hombre. Tal vez esa sea la base de muchas historias extramaritales.

La contribución económica de la mujer a la pareja podría ser de apoyo para el crecimiento de ambos. No obstante, como hemos visto, suele ser motivo de conflicto. Tenemos que replantear el modelo tradicional de pareja. Mirar con ojos de amor el nuevo papel de la mujer en la sociedad.

Un estudio realizado en Washington señala que las mujeres, al buscar pareja, se guían por el dinero; los hombres, por la belleza. El análisis demostró que las leyes de atracción no han cambiado desde las épocas neandertales. El estudio se publicó en la revista *Proceedings of the National Academy of Sciences.*

El miedo de las mujeres

Gaby, 25 años

Qué ironía

Soy una mujer independiente, tengo una carrera universitaria, un buen trabajo, y soy bonita. Pero se me dificulta tener pareja. Los hombres me tienen miedo.

Yo no necesito que me protejan, ni que me mantengan, solo que me den mucho amor.

Solo un hombre inseguro de sí mismo se sentiría incómodo con una pareja como Gaby.

Lo que más me preocupó fue escuchar su desánimo por encontrar pareja y atribuirlo a la situación favorable de su vida. No me extrañaría en absoluto que terminara saboteándose a sí misma y se quedara en la lona justificando que una mujer independiente no puede tener pareja.

Siento que las mujeres cometemos algunos errores que provocan que los hombres se alejen. Sin embargo, no pienso que esto se deba a la independencia económica.

¿Qué hacemos equivocadamente?

Más bien, en mis investigaciones he observado lo siguiente en muchas mujeres:

1. *Actuamos erróneamente frente a ellos, percibiéndolos como nuestros salvadores. Ellos, al vernos tan seguras, se sienten impotentes por no tener la menor idea de lo que necesitamos.*

2. *En esa búsqueda inconsciente y desesperada de pareja, a lo que se suma nuestra independencia económica, lo hacemos todo más fácil. Eso vuelve la relación aburrida, poco interesante.*

3. *Muchas mujeres, con tal de no estar solas, siguen al lado de hombres que ni les gustan ni les interesan. No terminan la relación justamente por no quedarse solas de nuevo. Se justifican diciendo: "Más vale malo conocido que bueno por conocer".*

LIDIA, 42 AÑOS

Dependencia

Sufro mucho. Deseo que mi novio muera por mí. Buscando ser amada, me victimizo sobremanera. Exijo demasiada atención todo el tiempo. Si no me llama, me muero. Lo persigo y checo su celular y su cuenta de Facebook. Hay cosas de él que me molestan mucho, pero temo decírselo porque siento que me va a dejar. Él ha querido terminarme muchas veces y yo lo convenzo de seguir.

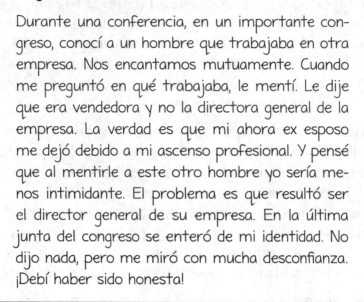

Tere, 50 años

Mejor la verdad

Durante una conferencia, en un importante congreso, conocí a un hombre que trabajaba en otra empresa. Nos encantamos mutuamente. Cuando me preguntó en qué trabajaba, le mentí. Le dije que era vendedora y no la directora general de la empresa. La verdad es que mi ahora ex esposo me dejó debido a mi ascenso profesional. Y pensé que al mentirle a este otro hombre yo sería menos intimidante. El problema es que resultó ser el director general de su empresa. En la última junta del congreso se enteró de mi identidad. No dijo nada, pero me miró con mucha desconfianza. ¡Debí haber sido honesta!

Colette Dowling escribió por primera vez sobre el miedo latente de las mujeres a ser independientes. Es como si en ellas habitara una intensa necesidad visceral de ser cuidadas y atendidas. Su estudio sugiere, en pocas palabras, que la mujer siente que, de ser fuerte e independiente, ya no necesitará ser rescatada por su príncipe azul. Se trata de un arquetipo, como diría Carl Jung, experto en el tema, a partir del cual la mujer espera la realización de su felicidad.

Siento que debemos replantearnos muchas cosas. Sin perder nuestra independencia. No deberíamos perdernos en el camino. Aceptemos esta nueva forma de repartir responsabilidades. Intentemos comprender el tema con mayor profundidad.

En un estudio en la Universidad de Texas se concluyó que los hombres se sienten más atraídos por mujeres dependientes o psicológicamente vulnerables. Pero el alto porcentaje de atracción hacia la mujer dependiente disminuyó cuando se les preguntó si tendrían una relación para el resto de su vida.

El papel que las mujeres desempeñamos en la historia se limitaba a dejarnos cuidar y proteger por un hombre. La mujer independiente y autónoma ha sido rechazada socialmente desde tiempos ancestrales. Una mujer independiente es una mujer libre, que decide qué hacer con su vida y que puede elegir por sí sola. Entonces, ¿por qué nos sentimos tan incómodas? En fin, ¿quién ha dicho que la mente humana no es contradictoria?

Seguimos en una sociedad en la que predomina la imagen de los varones, mientras que la imagen femenina que tradicionalmente amaban no incluye el término "independiente". Muchas mujeres que estamos en esta dinámica fingimos ser frágiles para que nuestra pareja no se intimide con nosotras. Los hombres, como toda persona que disfruta del poder, dan mucha más importancia a su libertad y autosuficiencia.

Hacernos visibles en nuestra historia ha tenido un precio. El camino de la independencia tal vez no sea nada fácil. Implica hacerte responsable de tu vida, pensamientos y acciones.

Mujer, no importa tu edad ni tu condición de vida. Tú eres la única directora de tu historia, te guste o no. Abre los ojos y reconócete independiente. Empieza ya un proceso de autoevaluación para tu beneficio.

Mujeres sumisas

La mujer sumisa, por condición y de remate por elección, no logra reconocer sus éxitos. Se pierde en pensamientos dolorosos encontrados. Vive sujeta a normas muy estrictas, a las que todo el tiempo buscan adaptarse. Necesita que la cuiden y protejan, además de amarla. Su modelo es la mujer abnegada y frágil. Busca seguridad, fuerza y protección. Requiere desesperadamente de un hombre que sepa cuidarla y la haga sentirse amada. Prefiere el autosacrificio antes de perder el amor de su pareja. Tiene un tremendo temor a quedar abandonada. La mujer sumisa es frágil, capaz de quebrarse y muy sensible a la crítica.

Aurora, 55 años

Todos los roles

Aurora trabaja intensamente, desde muy temprano hasta muy entrada la noche. Es esposa, madre, maestra, empleada, consejera en la iglesia y buena hija. Es experta en el cuidado de su bebé y en rescatar a su marido de las garras del alcohol. Cuando esta mujer pretende retomar su liderazgo se arma una verdadera revuelta.

Pero los demás no son exactamente el problema. Muchas mujeres con menos recursos de los que ahora tenemos lo han logrado. Pondré solo dos ejemplos:

MATILDA MONTOYA

Fue la primera mujer que, ante la necesidad de ayudar a su madre viuda, se atrevió a estudiar medicina, rodeada de estudiantes varones.

Pero no daba consulta a domicilio porque no era bien visto que saliera sola. Fue calificada de impúdica y peligrosa por querer convertirse en doctora.

En la escuela se burlaban de ella. Nunca se casó, pero adoptó cuatro hijos. Dicen que Matilda era muy terca. Logró que el mismísimo presidente de la República, Porfirio Díaz, asistiera a su titulación.

MARÍA SANDOVAL DE ZARCO

Fue la primera mujer abogada en México, en una época en que el Código Civil de 1884 manifestaba lo siguiente: "La esposa no tiene ningún derecho en su casa. No tiene personalidad legal para establecer contratos. No puede administrar sus propiedades. No está calificada para defenderse de una mala administración que haga su esposo. Ni siquiera cuando lo haga ofendiendo su sensibilidad. Una esposa no tiene ninguna autoridad".

Para estas mujeres pesó mucho su condición de género en la búsqueda de su sueño.

"Mujer que sabe latín, ni tiene marido ni tiene buen fin"

En definitiva, nuestros tiempos son más sencillos. Aunque nos queda mucho camino por andar...

El inconformismo de las mujeres independientes que acabo de mencionar se caracteriza por la resistencia a las prohibiciones, a pesar de haber sido educadas en la sumisión. Estas mujeres desearon escapar de las limitaciones y las voces de sus mentes no las dejaron tranquilas.

Pero la mujer sumisa se niega a escucharse. Tiende a culparse y prefiere contener la frustración ante la injusticia. Por ello, dirige su vida hacia el cuidado de los hombres, como si fueran sus protectores.

La mujer sumisa, buena, dejada, que no expresa sus necesidades ni mucho menos su enojo, es el gran estereotipo en nuestra cultura mexicana. La solución, reitero, sería aprender a pedir lo que necesitamos. Decir lo que quiero decir. Hacer lo que deseo hacer.

Aquella ideología de que había que proteger a la mujer del mundo y de sí misma no puede seguir operando.

Risoterapia

Dos jóvenes están por casarse. El padre le dice al novio.

—Martín, ¿tu novia tiene mucho dinero?

—Papá, es lo mismo que me pregunta ella de ti.

109

Ejercicios prácticos

Elabora un análisis situacional de tu vida. Llena este cuadro.

Tipo de situación	Mis fortalezas	Mis debilidades
Personal		
Emocional		

Este ejercicio te ayuda a ver de manera clara cómo te encuentras precisamente ahora.

Capítulo 7

Amor, dinero y pareja

"El dinero no da la felicidad, pero procura una sensación tan parecida, que se necesita una especialista muy avanzado para ver la diferencia."

—Oscar Wilde

La equidad y la justicia en una pareja pueden ser el cimiento ideal para una relación estable. El hombre que elijas será no solo dueño de tus suspiros, sino del derecho de conocer con claridad tus finanzas.

PERLA, 45 AÑOS

Cruda realidad

Me siento una estúpida porque confié ciegamente en mi novio. Él necesitaba dinero y yo se lo presté. Ahora no tengo ni al novio ni mi dinero. En un principio pensé en mi mala suerte. Pagué por cariño.

Las relaciones de pareja pueden llegar a ser muy complicadas. Ello depende mucho de nuestro nivel de conciencia. El concepto del amor y la comunicación sobre el dinero en la pareja pasan por un momento de renovación. Los hombres y —en particular— las mujeres también estamos en medio de una gran transformación.

Vivimos tiempos de cambios profundos en los que están surgiendo muchas preguntas en torno a la pareja respecto a cuestiones como el manejo del dinero, el sexo y el poder.

Me gustaría recordar en este punto a una mujer increíble, Amelia Earhart, quien precisamente se atrevió a romper esquemas. El 7 de febrero de 1931 le escribió una carta a su futuro esposo, George, tan solo unas horas antes de contraer matrimonio. Quiero compartirla contigo porque seguramente valorarás el espíritu libre de esta maravillosa y valiente mujer:

QUERIDO MÍO:

Creo que debería dejar por escrito algunas cosas antes de que nos casemos, aunque ya hemos hablado muchas veces sobre ellas.

Tengo la sensación de que casarme ha sido una de las decisiones más estúpidas que jamás haya tomado. Sé que habrá compensaciones, pero no quiero ocultarte mis dudas.

Para nuestra vida en común quiero que sepas que no estarás sometido a ningún código de fidelidad y que yo tampoco me considero atada a ti. Si somos honestos, podemos evitar las dificultades que surgirán si tú o yo nos enamoramos de otras personas.

Por favor, no interfiramos en el trabajo del otro ni permitamos que el resto del mundo contemple nuestras alegrías o desacuerdos. En este sentido, voy a tener que mantener un lugar donde pueda ser profundamente yo misma. No puedo aceptar los confinamientos, por muy atractiva que sea la jaula.

Debo exigirte una promesa cruel: que me dejarás marchar dentro de un año si no nos encontramos felices juntos.

Voy a tratar de hacerlo lo mejor posible y ofrecerte esa parte de mí que conoces y tanto quieres.

George y Amelia permanecieron juntos hasta la muerte de ella en 1937, durante su intento por lograr la hazaña de viajar por todo el mundo en un monoplano.

Su carta nos deja mucho que pensar, ¿no crees? Es bueno analizar cada detalle, cada frase, cada palabra. Todo lo que se encierra en esas líneas. Palabras más, palabras menos, lo importante es cómo lo interpretas tú.

Comportamiento de la pareja frente al amor y el dinero

ANA, 65 AÑOS

Autosuficiente sin reconocimiento

Ya estaba sentada en mi oficina cuando llegué; era la hora exacta. Me acerqué a saludarla y noté que lloraba. Ana es una importante gerente de una empresa nacional. Cuando la conocí, se sentía orgullosa de jamás haber pedido un centavo a su marido para mantener a sus seis hijos.

Ni reconocimiento, ni armonía, ni descanso pasaron por la mente de esta mujer que siempre hizo creer a sus hijos que entre su marido y ella pagaban todo. El marido jamás se inmutó con ello. Tal situación parecía muy normal.

ALICIA, 48 AÑOS

El precio de la libertad

Mi siguiente sesión fue con Alicia, una mujer muy distinguida, arquitecta de profesión. Relató que se sentía tan culpable con su marido por estar trabajando que le daba todo lo que ganaba sin dudarlo. A ella le habían enseñado desde el principio a dar. Jamás se quedó con nada. Se sentía muy agradecida con su esposo por no oponerse a que ella trabajara. Era todo lo que Alicia quería: un poco de libertad a cualquier precio.

Según una encuesta española, ocho de cada 10 mujeres ponen en primer lugar la posición económica de su pareja, no el físico. Esto sucede como consecuencia de la búsqueda del perfil protector. En España, siete de cada diez hombres están conscientes de ello.

El economista David Bjerk llevó a cabo un estudio en la Universidad de Claremont en el cual refuerza la idea de que la mujer prioriza la economía en la elección de su pareja.

Y un dato más interesante para valorar: las mujeres que más le dan importancia a este aspecto también poseen ingresos elevados.

Considero que la mujer tiene que participar más en la dinámica de ganar dinero. Ha llegado el momento de hacer nuestra la responsabilidad del manejo del dinero.

Consuelo, 40 años

En la ruina

Consuelo, mi vecina, es una mujer muy inteligente, pero de pronto, después de divorciarse, padeció muchos problemas económicos. No era la primera vez que escuchaba que una mujer había entregado todos sus ingresos a su pareja para después terminar sin nada en la bolsa.

Es curioso: si un hombre gana mucho más que la mujer, resulta notorio que se le valore como un buen proveedor. Pero si es la mujer la que gana más, se le ve como posible causa de problemas familiares.

En los hombres el dinero se traduce en poder. En las mujeres, ¿en culpa?

Yo también pasé por la experiencia de ocultarle a mi pareja cuánto ganaba para evitar herir su autoestima.

En una ocasión llegué a casa después de una grandiosa contratación en una empresa. Mi suegra y mi madre, juntas, me sugirieron jamás decirle lo que ganaría si quería seguir casada.

Creo que a las mujeres nos falta mucho para seguir fluyendo en la aventura del amor y la abundancia en nuestras vidas.

A propósito de todo lo que hemos trabajado en este tema, recordé la letra de una canción de Raúl Gómez Jattin, que dice más o menos así:

Prometo no amarte eternamente,

ni serte fiel hasta la muerte,

ni caminar tomados de la mano.

Juro que habrá tristezas,

habrá problemas y discusiones,

y miraré a otras mujeres,

tú mirarás a otros hombres.

Juro que no serás mi todo

aunque te extrañe a veces.

Prometo no desearte siempre

y que desearé terminar todo.

¿Ahora sí podrás creerme que te amo?

Tenemos que revisar nuestra forma de amar sin perder nuestra esencia y libertad. Esto no quiere decir que haya ausencia de compromiso.

A través del amor de pareja debemos buscar trascender y expandirnos. Trascender en la forma en que vemos las cosas en nuestras vidas puede ayudarnos a muchas mujeres a actuar de manera más coherente.

Convirtamos nuestra vida en nuestro más apasionante reto. Aceptemos las cosas como van, sin juicios. Pero siempre pendientes de cómo nos sentimos. La intuición es una sabia maestra, con un lenguaje muy simple y claro.

No pidas permiso para vivir. Solo vive.

Ten presentes las palabras de Oscar Wilde:

"El único amor consecuente, fiel, comprensivo, que todo lo perdona y nada lo defrauda, y que nos acompaña hasta la muerte es el amor propio."

Risoterapia

En un día de mucho calor, el marido le dice a su mujer:

—Rosa, tengo que cortar el pasto y hace calor. ¿Qué crees que dirían los vecinos si corto el pasto desnudo?

—Que probablemente me casé contigo por dinero.

Ejercicios prácticos

Para conocerte más responde:

Yo quisiera ser...

_____

_____

Clasifica cada uno de los adjetivos del cuadro siguientede acuerdo con la siguiente escala:

1. No considero que soy...

2. De vez en cuando acepto que soy...

3. Frecuentemente actúo como...

4. Me identifico totalmente como...

☐ Amable	☐ Audaz	☐ Autoritaria	☐ Alegre
☐ Admirable	☐ Buena	☐ Bella	☐ Buscona
☐ Cordial	☐ Constante	☐ Competente	☐ Cuidadosa
☐ Criticona	☐ Divertida	☐ Dulce	☐ Distinguida
☐ Decidida	☐ Especial	☐ Entregada	☐ Enérgica
☐ Fuerte	☐ Feliz	☐ Fiestera	☐ Graciosa
☐ Grosera	☐ Gentil	☐ Hipócrita	☐ Histérica
☐ Individualista	☐ Intensa	☐ Juguetona	☐ Justiciera

☐ Libre	☐ Materialista	☐ Maternal	☐ Oportunista
☐ Optimista	☐ Orgullosa	☐ Odiosa	☐ Participativa
☐ Enfocada	☐ Presumida	☐ Romántica	☐ Rebelde
☐ Risueña	☐ Responsable	☐ Servicial	☐ Sonriente
☐ Sincera	☐ Traviesa	☐ Trabajadora	☐ Obstinada
☐ Razonable	☐ Reflexiva	☐ Rigurosa	☐ Seria
☐ Franca	☐ Tolerante	☐ Violenta	☐ Sarcástica
☐ Eficaz	☐ Hogareña	☐ Dedicada	☐ Ansiosa
☐ Alerta	☐ Insensible	☐ Lógica	☐ Poderosa
☐ Perfeccionista	☐ Infiel	☐ Perdedora	☐ Sencilla

Redacta una definición de quién eres basándote en todos los adjetivos que calificaste con 4 y 3.

Capítulo 8

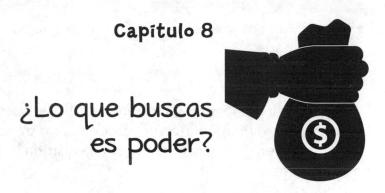

¿Lo que buscas es poder?

"Cuando se ama no tenemos necesidad de entender lo que sucede. Porque todo sucede dentro de nosotros."

—Paulo Coelho

El poder es sinónimo de fuerza, capacidad, energía, dominio. El poder personal es necesario para poder actuar como adultos frente a los demás.

Nadie te puede dar el poder. El poder procede de nuestro interior. El poder interior se ejerce sobre ti mismo. El poder sobre otros es hacerte grande ante los demás.

El poder personal te permite:

- Reconocerte.
- Ser responsable de tu comportamiento.
- Valorarte.
- Alejarte de la polarización de lo bueno o lo malo.
- Poner límites a situaciones de abuso.

- Ahorrar tu energía deshaciéndote de lo que no te aporta nada.
- Aprender.

No podemos ir por la vida solo obedeciendo, sin cuestionar. Es necesario reconocernos poderosas a través de la manera en que hacemos nuestra la historia que nos contamos.

Permitirnos cuestionarnos nuestras propias reglas, y asumir la responsabilidad que ello implica, nos hace siempre impredecibles y nos posibilita un crecimiento continuo y permanente.

Las mujeres nos hemos distraído en un mar de dudas en lo relativo a nuestro poder personal. La intención de este libro es lograr que nos reconozcamos poderosas y observar de qué manera esto nos hace ver hacia nuestro interior.

Volvernos poderosas no debería asustarnos, pero solo lo lograremos a través de nuestro equilibrio interno entre dar y recibir, permitiéndole al espíritu hablar sin inhibiciones sobre lo que nos causa conflicto. Externar lo que percibe nuestro yo interno sin esperar a que surja una crisis.

Vamos a ejercitar un poco la mente. Permítete unos minutos a solas contigo. ¿Cómo te percibes? ¿Víctima? ¿Poderosa? ¿Sabia? Descubre tu poder por medio de tu verdadero yo.

A medida que nos sintamos más cómodas con nuestro poder personal terminaremos haciendo frente a diferentes situaciones individuales.

María, 38 años

Equivocación

María acudió a consulta buscando sobreponerse a su divorcio.

Al año de divorciada conoció a Javier, un hombre "separado de su esposa", que era muy comprensivo con ella. "Desde que lo conocí le cedí mi poder personal por completo", narraba María, muy entusiasmada con su sesión. Y añadía que notaba en Javier cierto temor al compromiso, entre otras "curiosidades".

En una ocasión ella le pidió acompañarla a la consulta y le expresó cómo se sentía. Aunque Javier se mostró incómodo con la necesidad de claridad que tenía María, continuó hasta el final de la sesión.

María lo llenaba de regalos y siempre quería complacerlo en todo. Javier se dejaba querer. Si bien era un hombre muy próspero, con ella era bastante reservado para llevarla a cenar o pasear. Siempre le hablaba de los grandes viajes que harían juntos en cuanto pudiera divorciarse de su esposa, que se negaba a darle el divorcio.

Tres meses después Javier acudió a terapia, queriendo resolver su inseguridad emocional. Pensé que me hablaría de mi paciente María, por quien yo sabía que seguían saliendo. Grande fue mi sorpresa cuando me dijo que con quien quería estar bien era con su esposa, con ella deseaba volver.

María seguía yendo a consulta conmigo y hablaba de su relación con Javier como si fuera una realidad. Definitivamente, por ética yo no podía decirle que su novio estaba desesperado por regresar con su esposa.

María no quería darse cuenta de que su mundo giraba alrededor de Javier. En efecto, le cedió su poder personal. ¡Gran error!

La dinámica de poder en la pareja, a pesar de la aparente igualdad de género, sigue siendo muy controvertida.

En muchas parejas, mujeres de todas las edades ceden su poder personal y quedan atrapadas en relaciones en las que la igualdad de derechos y obligaciones no queda muy clara. Es crucial dejar el rol ganador-perdedor en nuestra relaciones y concentrarnos en un esquema ganar-ganar. A medida que la mujer se sienta más cómoda veremos con mayor nitidez la profundidad de su efecto.

En mi largo caminar trabajando con mujeres he comprendido que más de las que yo quisiera admitir tenemos gran miedo de reconocer y ejercer nuestro poder personal. ¿Tenemos miedo de nuestra fuerza interior?

Ser dueñas de nuestra vida es resultado de ejercer nuestro poder personal.

¿Cómo manejas tu poder?

Revisemos un poco en qué forma manejas tu poder. Responde abiertamente las siguientes preguntas:

1. ¿Te incomoda externar tu punto de vista cuando sabes que es contrario a lo que los demás piensan?

2. ¿Constantemente mientes para complacer a los demás?

3. ¿Se te dificulta expresar algo que tal vez será molesto para los otros?

4. ¿Se te complica tratar de convencer a los demás de tu punto de vista?

5. ¿Te cuesta decir "No" a lo que te piden?

6. ¿Te preocupa lo que piensan o dicen de ti?

7. ¿Frecuentemente haces lo contrario de lo que piensas?

8. ¿Sientes que los demás deciden tu vida y no tú?

9. ¿Necesitas que alguien más tome las decisiones por ti?

10. ¿Buscas acoplarte a las necesidades de los demás?

Si contestaste "Sí" a más de cinco preguntas, es probable que estés cediendo tu poder personal a los demás y perdiendo tu energía interna, lo que te hace sentir cansada y frustrada gran parte de tu tiempo.

Conserva tu poder

¿Cómo cedemos el poder a los demás? ¿Qué beneficios obtienes cuando das tu poder a otros?

Nuestro poder personal nos permite expresarnos con libertad, sin sentir vergüenza. Nos permite reconocernos, aceptarnos, valorarnos e identificar aquello que nos impide crecer como personas. Nos regala la oportunidad de vivir los retos y aplicar nuestros talentos. Posibilita que crezcamos como mujeres, desarrollarnos y lograr la independencia sintiéndonos valiosas. **Lo mejor de todo es que terminamos gustándonos mucho a nosotras mismas.**

Como mujer no me sentí poderosa siempre. Cuando me casé era muy joven; al llegar de mi trabajo entregaba todo mi dinero a mi pareja, como algo normal. "Él se hace cargo de todo", me justificaba yo. Al decir "de todo" devaluaba mi aportación. Llegó el momento en que tuve que hacerme cargo sola de mi familia. Fue todo un reto. No sabía ni tenía idea de cómo manejar mis finanzas, pero lo logré. Valorándome descubrí lo poderosa que soy.

Estephania, 33 años

Miedo

Abrí una pequeña empresa y comencé a crecer. No obstante, seguía refiriéndome a ella como "mi empresita". Resultó que creció muchísimo. No podía creerlo. Empecé a asustarme tanto que pensé venderla. ¿Qué me asustaba? Trataba a mis empleados

> como a mis hijos, siempre solapándolos, y me sentía culpable de tener más dinero y éxito. Esto se convirtió en un problema y terminé cerrando mi negocio con el pretexto de que sufría una tremenda crisis de nervios. Hoy me arrepiento mucho.

Pon límites, todo está en tu cabeza

Si cambias tu forma de filtrar tus patrones de pensamiento, lograrás que fluya de forma natural tu poder personal.

Elige ser poderosa y disfrútalo. Confía en que tienes lo que crees que te mereces. Aprecia el poder personal. Da el salto que se requiere para hacerte cargo de ese poder. Ni tú ni yo podemos cambiar nuestro pasado, pero sí nuestro presente y nuestro futuro. Visualízate fuerte, poderosa y feliz.

El miedo a cuidar nuestros límites personales refleja el miedo a nuestro poder personal. Tú y yo somos responsables, nos guste o no, de nuestra vida. Ese es el ejercicio de nuestro poder personal. No controlamos ni es posible que nos controlen. ¿Aceptas la responsabilidad de tu vida? ¿Añoras tu vínculo de dependencia con tus padres?

BIBI, 35 AÑOS

El poder en otras manos

Bibi y su novio vivían con sus respectivos padres, cada uno en su casa. Ninguno quería hacerse responsable de su vida. Se veía todas las noches desde que tenían 15 años. Añoraban, sentados en la banca de su jardín, el día en que pudieran vivir juntos.

Ambos tenían puestos importantes en sus lugares de trabajo, con salarios considerables, pero ninguno se atrevía a dejar a sus padres y hacerse cargo de su propia familia. Cada vez que les hablaban sobre sus planes a sus parientes políticos, estos les respondían que ya habría tiempo. Ya habría tiempo. Ninguno de los dos se atrevía a protestar. A pesar de que en su vida laboral ejercían su liderazgo sin dificultad, no ocurría lo mismo en su vida personal. El poder lo tenían sus padres.

En efecto, establecer límites personales supone el ejercicio de nuestro poder personal. Aunque ceder el poder personal no pone en riesgo nuestra vida, nos despoja de nuestra posesión más hermosa: ese espacio interno donde reside nuestra fuerza y autoridad.

Aparentemente es mucho más fácil ceder nuestro poder a otros. Es tan sencillo porque no nos creemos capaces de dirigir nuestra propia vida. Cada vez que cedemos nuestro poder personal a otros nos quedamos a la deriva. Nos sentimos muy débiles y vulnerables. Lo más terrible es que nos traicionamos a nosotras mismas.

Con el tiempo pagamos un precio muy alto por actuar de esta manera. No nos respetamos y nos degradamos impunemente ante nuestros ojos y los de nuestra pareja.

Me costó creer cuán importante era recuperar mi poder personal. Dejé de proteger mis derechos con todo mi amor y mi fuerza. Perdí mucho de mi espacio personal y el cuidado que me debía. Se requiere mucha fuerza de voluntad para volver al camino y recordarnos que estamos aquí para hacernos valer primero ante nuestros ojos.

Si dudas de tu poder personal, es imposible no desmoronarnos ante la posibilidad de poner límites por el simple placer de cuidarnos.

Valorarse es la clave

¿Conoces tu poder y tu vulnerabilidad? Cuando no nos valoramos no nos sentimos con suficiente poder para poner límites ante las situaciones que implican posibilidad de rechazo. Cuando no ejercemos el poder personal en nuestra vida nos frustramos y llegamos a permitir el abuso.

Realiza la siguiente evaluación:

- ¿Cómo me muestro poderosa ante la vida?
- ¿Cómo muestro mi poder personal en la pareja?
- ¿Cómo muestro mi poder personal frente a mis padres?
- ¿Cómo me muestro poderosa ante mis hijos?
- ¿Cómo es mi poder en mi trabajo?

Si nosotras no nos cuidamos, nadie lo hará en nuestro lugar.

Cuando te sientes poderosa, eres capaz de
dejar todo aquello que te lastima.

Cuando no nos sentimos suficientemente poderosas,
elegiremos pasivamente relaciones destructivas en
cualquier ámbito.

Necesitamos aprender a disfrutar de nuestro poder
personal. Está dentro de nosotras. A veces, por diversas circunstancias, sentimos que lo hemos perdido.
Solo tú, y nadie más, puedes recuperarlo.

No es necesario tocar fondo

Algunos dicen que solo aprendemos en cabeza propia. Que debes tocar fondo para darte cuenta. En realidad no creo que haya necesidad de pasarla tan mal,
de lastimarnos innecesariamente.

De nosotras depende recobrar nuestro poder personal.

Cuanto más disfruto mi poder personal, más
disfruto del éxito.

Si tu intención es aceptarte poderosa, lo primero que
hay que hacer es disfrutarlo. Y el disfrute viene después
de la aceptación.

¿Estás dispuesta a reconocerte poderosa? Hagamos
un ritual de despedida de nuestra víctima interna. Si
a partir de este momento eres una mujer poderosa,
aceptemos nuestra responsabilidad y asumamos nuestro compromiso.

Cosechas lo que siembras

Recuerda: toda acción genera una reacción.
Por lo que aquello que siembres tarde
o temprano cosecharás en forma de
consecuencia.

¿En que beneficia a la pareja que la mujer se reconozca poderosa? En que ambos, él y ella, podrán compartir más sanamente.

Estoy convencida de que, para lograr un manejo adecuado del poder personal, es necesario suprimir el miedo, la desconfianza y la intolerancia al rechazo.

Poder en tacones: ¿cómo lograrlo?

¿Qué tanto el hombre se siente incómodo con el poder de la mujer? Los resultados de un estudio realizado en 1998 indicaron que los varones tenían creencias extremadamente negativas sobre las mujeres que habían conseguido altos puestos. Se les pidió describir a las mujeres directivas y eligieron términos como: amargadas, fáciles de influenciar, frívolas, negativas, pasivas, nerviosas, inseguras. Las investigaciones se realizaron en Alemania, Reino Unido, China y Japón.

Quizás esta información nos ayude a entender un poco más la dificultad de hacer nuestro el poder.

Es imprescindible hacernos conscientes del miedo, la desconfianza y la intolerancia al rechazo, y entonces tomar la decisión de sustituirlos por el poder personal. Los esquemas tradicionales indican que, cuanto más poder y estatus se involucren en el trabajo de una mujer, más masculina se le percibe.

Una divertida anécdota que me contaron decía cómo una mujer desesperada buscaba algo en la calle justo afuera de su casa.

Al verla, un hombre amable le preguntó:

—¿Qué busca?

La mujer respondió que su anillo de bodas. El hombre gentilmente se puso a buscarlo con ella sin ningún resultado.

Horas después, agotado por la búsqueda, atinó a preguntarle:

—¿Es aquí donde lo tiró?

—No —contestó la mujer—. Fue dentro de mi casa, pero aquí hay más luz para poder encontrarlo.

Así que, mi querida amiga, busca en tu interior tu poder personal y por ningún motivo lo vuelvas a perder.

Risoterapia

He conseguido que mi novio hable de matrimonio después de estar seis años con él.

—¿Y que te ha dicho?

—Que tiene esposa y tres hijos.

Ejercicio

Para conocerte más, reflexiona y responde:

_____

¿Quién eres verdaderamente?

_____

¿Eres quien crees ser?

_____

¿Piensas bien de ti misma? ¿Por qué?

_____

¿Te agradas? ¿Por qué?

_____

¿Es fácil vivir contigo?

_____

¿Cómo te haces cargo de tu vida?

_____

Asume plena responsabilidad en cuanto a materializar tus deseos. No esperes a que otros hagan realidad tus sueños.

Capítulo 9

Finanzas en rosa

"Ser poderoso es como ser mujer. Si le tienes que decir a la gente que lo eres, entonces no lo eres."

—Margaret Thatcher, Primera Ministra de Reino Unido

Cuando me divorcié acabé con una caja de cuentas por pagar. Como ya dije, jamás me había hecho cargo de mi economía ni me había interesado manejar el dinero de ninguna forma. Nunca, en 20 años de matrimonio, me di tiempo para hablar de dinero.

Es muy triste darnos cuenta de la gran dificultad de las parejas para abordar el tema del dinero, y regularmente lo hacen cuando tienen los problemas encima. ¿Por qué no hacerlo a tiempo? Y cuando digo a tiempo me refiero a "ahora mismo".

Por fortuna, mi economía se saneó rápidamente, pero pude darme cuenta de varias cosas:

1. En mi vida no me había preocupado por el dinero. A mis más de 40 años me vi obligada a hacerlo.

2. No era responsable de mis ingresos, menos de mis egresos.

3. Vivía en el mundo de la fantasía esperando que alguien (un hombre) se hiciera cargo de mi economía.

El primer paso para la independencia de la mujer implica necesariamente la emancipación. La capacidad para ser una mujer de éxito no está en duda. Como asesora personal, a lo largo de mi vida he visto a miles de mujeres que destacan por su capacidad creadora.

Ahora estoy tratando de entrar al terreno escabroso de la independencia económica.

Durante toda mi vida había trabajado. Recuerdo que en casa de mis padres el amor por el trabajo era el pan de cada día. La diferencia era que a los hombres se les motivaba a ahorrar y tener constancia, y a las mujeres, a vernos bellas.

Mis padres tenían a bien recordar que mis hermanos serían cabeza de hogar y proveedores. Sin embargo, después de mi divorcio, tuve que hacerme cargo de mis tres hijos. Cabeza de hogar y proveedora. Nunca se me complicó ganar dinero; mi dificultad era saber administrarlo.

Para mí trabajar ya no era una opción, sino una obligación y necesidad. Y no fue nada sencillo cambiar la prioridad que me inculcó mi familia por la prioridad de dar sustento a mis hijos.

Lo primero que tuve que aprender en ese momento fue a valorar mi dinero.

¿Qué es el dinero?

Hace mucho tiempo, cuando aún no se creaba el dinero, se usaba el trueque o intercambio de productos. Pero el trueque tiene muchas limitaciones, porque no siempre lo que te ofrecen es lo necesitas. El dinero se convirtió en el medio para facilitar el intercambio de bienes.

El dinero no es bueno ni malo, es solo un instrumento, y cada uno de nosotros hace buen o mal uso de él.

El dinero es la medida del valor del bien o del servicio. Ha pasado por varias transformaciones: conchas, cacao, ámbar, marfil, jade, clavo, sal.

¿Para qué sirve el dinero?

Para intercambiar. Y lo mejor es que es aceptado de manera general. El gobierno de cada país respalda con reservas la custodia del efectivo que portamos; imprime billetes conforme a una política monetaria y todos aceptamos su valor.

Sin embargo, algo tan material tiene una fuerte carga emocional.

**Nuestros comportamientos frente al dinero
—comprar, vender, cobrar, pagar, deber—
se vinculan estrechamente con nuestras
emociones.**

De ahí que cualquier tipo de relación saludable, sea de pareja, laboral o familiar, deba tener claridad respecto al uso y manejo de este instrumento.

¿Quién tiene el control del dinero? ¿Cómo puede usársele equitativamente?

Seguro has oído el dicho "El dinero no motiva pero mueve". Bueno, está muy relacionado con la carga emocional que este instrumento económico posee.

Es necesario que sepamos cómo observan el dinero los demás. Qué conductas generamos en torno a él y de qué forma podemos adaptarnos a nuestra realidad económica.

¿Qué valor le das tú al dinero?

Sócrates decía: "Me encanta ir de allí para acá y descubrir sin cuántas cosas soy feliz". No todo lo compra el dinero. Dicen por ahí:

Con dinero se compra el placer pero no el amor.

Con dinero se compra un espectáculo pero no la alegría.

Con dinero se compra un esclavo pero no a un amigo.

Con dinero se compra una casa pero no un hogar.

Con dinero se compran libros pero no sabiduría.

Con dinero no se puede comprar la felicidad; esta solo se consigue dando cariño y atención.

La Biblia hace mucha referencia al dinero:

- "El amor por el dinero causa toda clase de males" (1 Timoteo 6:10).

- "Un plato de verduras con alguien que amas es mejor que carne asada con alguien que odias" (Proverbios 15:17).

- "Dejen de acumular para sí tesoros sobre la tierra, donde la polilla y el moho consumen y donde ladrones entran y hurtan" (Mateo 6:19).

- "El dinero y las cosas que este puede comprar no son lo más importante de la vida. La vida no resulta de las cosas que posees" (Lucas 12:15).

Ahora revisa las siguientes frases:

- No es más rico el que tiene más, sino el que menos necesita.

- El dinero no es todo, pero cómo ayuda.

- La vida está hecha de pequeñas cosas: un pequeño yate, una pequeña casa...

- El dinero no da la felicidad, la compra hecha.

- El dinero no es nada, pero mucho dinero ya es otra cosa.

- Quien inventó el dinero destruyó la felicidad.

- A un perro con dinero llámale Señor Perro.

¿Puede haber una forma saludable de relacionarnos con el dinero? Observa cómo te relacionas tú con este. Cómo experimentas la propiedad en tu vida.

¿Sabes administrar tu dinero?

Para mí fue todo un reto hacerme cargo de mis finanzas, más sin una pensión digna. Tenía un excelente trabajo que me aportaba mucho como persona. No tienes idea de lo trascendente que es reconocerte como un ser libre. Así que, después de los estragos que causó el divorcio, me convencí de que la actividad que realizara como trabajo formal debía ser tremendamente satisfactoria e infundirme una gran dosis de entusiasmo. Con tres hijos adolescentes que sostener, no podía darme el lujo de esperar a que la abundancia llegara a mi vida por sí sola. Tenía que cuidar muy bien lo que hacía.

Una inspiradora fábula

Por esos momentos llegó a mi vida una fábula de Esopo que tal vez hayas leído y que hoy quiero recordarte:

> *Una lechera llevaba en su cabeza un cubo de leche recién ordeñada. Caminaba hacia su casa cantando y soñando despierta.*
>
> *"Esta leche que realmente es muy buena de seguro dará mucha nata. Nata blanca y cremosa. Batiré la leche sin descanso y llevaré al mercado la sabrosa nata. Sin duda me pagarán bastante por ella. Con el dinero que me den compraré un canasto de huevos y en solo cuatro días tendré la casa llena de pollitos. Cuando empiecen a crecer los venderé a muy buen precio y con las ganancias me compraré un vestido. Cuando me*

vean las otras mujeres del pueblo se morirán de la envidia. Me lo pondré el día de la fiesta del pueblo e indudablemente el hijo del molinero querrá sacarme a bailar al verme tan guapa. Pero que ni crea que le diré que sí a la primera. Esperaré a que me lo pida varias veces. Al principio le diré que no con la cabeza. Le diré que no así…"

La lechera comenzó a menear la cabeza para decir que no y entonces el cubo cayó al suelo y la leche se derramó. Así, la lechera se quedó sin nada: sin novio, sin vestido, sin pollitos, sin huevos, sin mantequilla, sin nata, sin leche. Sin la blanca leche que la había incitado a soñar.

Quedé convencida de que lo que más necesitaban mis hijos era una madre centrada, con un proyecto definido.

¿Qué tuve que cambiar en mi actitud frente al dinero? Me inspiró esta biografía:

En 1787, Mary Wollstonecraft trabajó para sacar adelante a su familia de la pobreza. Decidió dedicarse a la escritura e intentar mantenerse a través de esta labor tan difícil para una mujer en aquella época. "Voy a ser la primera de una nueva especie. Tiemblo de pensar en el intento", le dijo Mary a su hermana. Esta increíble escritora se atrevió en ese tiempo a afirmar que las mujeres no se desarrollaban más porque se les vetaba el acceso al conocimiento. En ese momento de la historia ninguna mujer era escritora.

Lo que yo tenía claro era que:

1. Quería hacer lo que me apasionara realmente.
2. Deseaba vivir desahogadamente.

Sugerencias

Entonces, hice lo siguiente y estas son mis sugerencias para ti.

- **Investigando, aprendí a manejar mis finanzas.** Me percaté de que no llevaba un registro de mis ingresos y egresos. No tenía idea de dónde estaba mi Afore. No contaba con un fondo de ahorro ni plan de retiro. Mucho menos con recursos para emergencias o seguro de gastos médicos. ¡Ni siquiera tenía muy claros mis ingresos!

- **Comencé a llevar un registro por día de todo lo que recibía y gastaba.** Identifiqué los llamados "gastos fantasmas", que disparaban mis cuentas a un grado inconcebible. Hasta entonces comprendí la importancia de ahorrar. Comencé a estudiar sobre el tema. Descubrí para quién trabajaba y cómo veía el dinero pasar por mis manos sin quedarse.

- **Entendí el uso de las tarjetas de crédito.** No son para comprar lo que no puedes con tus ingresos normales. Por favor no cometas ese error. Si sabes manejarlas, las tarjetas de crédito pueden servirte para generar un buen historial crediticio y financiarte unos 30 días con base en tu fecha de corte. Cada tarjeta de crédito tiene sus particularidades.

Paga siempre antes de la fecha límite para evitar cobro de intereses. Aprovecha la bonificación de puntos. Recuerda llevar un control de tus compras y guardar tus *vouchers*.

Hasta el momento solo manejo una tarjeta de crédito y me ha dado buen resultado. Pero conozco a muchas mujeres adictas a las compras que se han hundido con ellas.

• **Comprendí la necesidad de aprender a ahorrar.** Y solo podría hacerlo después de revisar mi nivel de ingresos y egresos; tenía la disyuntiva: o disminuía mis gastos o generaba nuevos ingresos. Noté que mi situación mejoró a partir de que cambié mis hábitos.

• **Identifiqué gastos innecesarios.** No me lo vas a creer, pero tenía cinco líneas telefónicas que pagaba cada mes, y el colmo era que solo tenía cuatro aparatos telefónicos, de modo que una de esas líneas me generaba una renta mensual de 300 pesos sin usarse siquiera: 3 mil 600 pesos al año.

• **Realicé una limpieza completa de cajones y armarios.** Encontré cajas de monedas que nos financiaron la cena de un mes completo. Eran monedas pequeñas a las que, aisladas, yo no les daba ningún valor.

• **Comencé a salir a comprar la despensa con lista en mano.** Ahorramos y evitamos desperdicios de alimentos. Afortunadamente no tenía que pagar una renta, lo que me facilitaba vivir un poco menos preocupada.

¿Qué es un presupuesto?

Es un documento en el que registramos lo que recibimos y gastamos en un periodo determinado. Nos permite ver si gastamos más de lo que correspondía.

Los siguientes son conicimientos elementales que te seran útiles:

Ingreso es el dinero que recibimos como pago por un trabajo.

Gasto es lo que usamos para adquirir bienes o servicios.

¿Sabes en qué gastas cada peso que recibes? Haz un **presupuesto realista**. Sin matarte de hambre ni privarte de tus necesidades.

Cuando vayas de compras distingue necesidades de deseos. Tengo una amiga que antes de comprar se pregunta tres veces: ¿lo necesito?, ¿en verdad lo necesito?, ¿de verdad de verdad lo necesito? Si la respuesta es "Sí", respira profundamente y espera al siguiente día para comprarlo.

Incluye dentro de tu presupuesto una cantidad para ahorrar. En mi caso, no sabía que, así como ganaba mucho, tenía el hábito de gastar más. Por eso, en cuanto oí la palabra "presupuesto" me dispuse a anotar, a partir del primer mes de control, cuánto ganaba y cuánto gastaba.

La diferencia entre ambas cantidades la ahorraría o la invertiría en algo.

En la página siguiente te comparto la lista de mi presupuesto.

Gastos	Monto
Desayuno	
Comida	
Cena	
Comida fuera de casa	
Comida de la mascota	
Garrafones de agua	
Gas	
Luz	
Agua potable	
Pago personal del aseo diario	
Despensa	
Seguro de autos	
Transporte	
Gasolina	
Colegiaturas	
Mantenimiento	
Impuestos	
Teléfono	
Cable	

Ropa	
Internet	
Seguro de vida	
Salidas y paseos	
Gimnasio	
Misceláneos (gastos pequeños)	
Predial	
Tenencia	
Contador	
Tintorería	
Artículos de limpieza	
Lavado de auto	
Libros	
Viajes de vacaciones	
Ahorro para emergencias	
Fondo de retiro	
Inversión	

Lo primero que hice fue guardar la tarjeta de crédito. Y tener clara mi situación real.

De pronto me asaltaron las siguientes preguntas:

- ¿Cómo espero que sean mis finanzas?

- ¿Cómo puedo garantizar la educación de mis hijos?

- ¿Cómo quiero que sea mi vida cuando me retire?

- ¿Cómo me gustaría invertir mi dinero?

- ¿Qué puedo hacer para reducir mis deudas?

- ¿A qué edad me gustaría jubilarme?

- ¿Cómo puedo manejar mis finanzas para que mi dinero no sea devorado por la inflación?

- ¿Cómo y dónde me gustaría vivir al retirarme?

Desde que nací tengo necesidades, pero primero mis padres me proveían de todo y después fue labor de mi esposo. Aunque siempre trabajé, no es lo mismo hacerlo por gusto que por necesidad. Siempre que necesitamos algo apreciamos el valor de las cosas. Todas tienen un precio.

Ganar dinero suficiente es solo una parte del asunto. Me propuse incrementar mi cultura financiera. Prepararme más.

Gastar menos

Durante mucho tiempo experimenté un sentimiento inadecuado sobre lo que es el dinero. Pensaba que debía sacrificarme mucho para obtenerlo. Pero entonces abandoné mi colección de excusas y descubrí cómo vivir más tranquila.

Como te dije, ahorrar no era suficiente, aunque me tomé mi tiempo para sentirme orgullosa de hacerlo. Después entendí que ser independiente económicamente no se derivaría de mi plan de ahorro. Así me nació la curiosidad por invertir.

Comprendí que era mejor comprar activos que pasivos. El activo es aquello que te produce más dinero cada mes que pasa. Y el pasivo, el que cada mes te quita dinero. Por ejemplo, un auto es un pasivo. Invertir en mercancía es un activo. Debo confesar que al principio me sentía muy torpe con toda esta información nueva para mí. Más adelante ahondaré en este tema.

Lo más sencillo fue darme cuenta de que **gastar menos era también una forma de ganar más**. Aprendí de mis fracasos en las finanzas. Debí admitir que tenía un serio problema al gastar. Investigué que había diferentes tipos de gastos: necesarios, innecesarios e inútiles.

Los **gastos necesarios** te permiten obtener lo que necesitas, no lo que deseas. Es muy importante resaltar la diferencia y preguntarte: ¿lo necesito o lo deseo? En este rubro están la comida, la ropa, el sustento de cada día. De modo que renuncié a mi hábito de comprar comida ya preparada o en restaurantes, y hubo un gran cambio. Como usé menos el automóvil, caminé más, ahorré gasolina y mejoré mi figura.

Los **gastos innecesarios** son aquellos destinados a adquirir productos no básicos: artículos de belleza, de decoración, compras sin un plan.

Los **gastos inútiles** se refieren a aquellos que no redituán ningún beneficio real: préstamos que una sabe que no regresarán, comida chatarra, compra de artículos solo porque están de oferta.

Comencé a anticiparme a los problemas económicos. La pregunta quedó en mi mente: ¿cómo puedo reducir mis gastos? Tuve que cuestionarme si mi estilo de vida era sostenible.

Mi riqueza es parte de mi mente

Descubrí que lo importante no era lo que ganaba sino lo que se quedaba a mi favor. Entré en una dinámica muy interesante. **Menos gastos, menos deudas, menos trabajo, más diversión y tranquilidad.**

Ahora el dinero y yo nos relacionamos muy diferente. Me hice responsable de mis finanzas. Pasé de víctima a mujer exitosa y consciente del poder del dinero. Soy la dueña de mi destino financiero. Únicamente bastaba con informarme. Yo tengo el poder de decir "No". Mi meta era clara: bajar mi ritmo de gastos. Estudiaría cómo invertir mi dinero y mi prioridad en finanzas era ser independiente y responsable.

¡Me sentía tan feliz! Había pasado de ser una mujer que no sabía cómo dejar de comprar a ser ordenada en mis finanzas.

Siguiente paso: invertir

Al principio pensé que sería buena idea abrir una cuenta de ahorros. Claro, si consideras que no tenía un solo peso libre debido a mi nivel de gasto, eso ya era ganancia. El caso es que me dediqué a estudiar a conciencia y a observar, lo que me permitió descubrir que en tres meses, en lugar de disponer del dinero que había depositado, tenía cada vez menos debido a las comisiones bancarias y al rendimiento mínimo que recibes.

Así que decidí estudiar las inversiones y pensar con mayor seriedad acerca de una **pensión para mi retiro**, ya que trabajaba de manera independiente.

Empecé por consultar todos los días los periódicos e Internet sobre la Bolsa de Valores. No entendía nada, pero poco a poco me familiaricé con ese mundo.

El término "inflación" comenzó a rondar por mi mente, donde durante mucho tiempo imperaron solo los aspectos emocionales. **La inflación significa que el dinero impreso por el gobierno excedió su valor real.** Dinero que no vale. Más sencillo: si guardamos mil pesos, al siguiente mes esos mil pesos tendrán un valor adquisitivo menor. Para adquirir las zapatillas blancas que por ahorrar no compraste un mes antes, tendrás que agregar unos pesitos de tu bolso. Tu dinero vale menos cada vez.

No quiero decir que ahorrar sea malo. Ahorra para reunir una cantidad que te permita invertir.

No te miento: cuando agregué esta palabra a mi vocabulario temblé de miedo. ¿Cómo lo superé? Invirtiendo. **Es normal sentir miedo cuando salimos de nuestra zona de confort y entramos a la zona de desafío.** No tenía la más mínima experiencia en ahorrar, mucho menos en invertir.

Después de someterme a una disciplina financiera en que mi presupuesto frenó mis compras sin sentido y pude ahorrar, contaba con dinero suficiente para dar el siguiente paso. Tenía 47 años, estaba libre de deudas y dos de mis tres hijos ya eran independientes económicamente. Como te he narrado, decidí estudiar y aprender y divertirme en este nuevo terreno. Todo al mismo tiempo.

Mis ingresos eran excelentes, pero me di cuenta de que si me enfermaba dejaría de percibirlos, ya que dependían de mi trabajo personal. Primero entré en pánico y después de que recuperé mi ritmo de respiración natural intenté trazar un plan.

Anoté cuánto tenía exactamente. Esa era mi realidad. En seguida me pregunté: ¿cómo quiero estar? Vino a mi mente el sueño dorado retirarme a los 60 años. Si hubiera empezado antes, otra historia sería. Si tú, que estás leyendo este libro, comienzas a planear tu futuro antes de los 30 años de edad, te felicito porque tu retiro será más generoso.

Me quedaba claro que perseguir este nuevo reto en mi vida requería de mucho entusiasmo. Haría lo necesario, por intenso que fuera para mí.

Cómo prepararme para invertir

Primero hay que familiarizarse con ciertos términos:

Tasa de interés: es lo que te pagan como ganancia por dejar tu dinero en una institución.

Seguros: todos los seguros, excepto los de educación, están pensados para ayudar a las personas a enfrentar gastos por eventualidades.

Instrumentos financieros: puede ser el pagaré que te regresa el capital más los intereses una vez que se vence el plazo.

Inversión en casa de valores: se requiere conocimientos especializados.

Definí mi motivo para invertir: mi retiro. Descubrí que durante mucho tiempo de mi vida fui parte del proyecto de vida de mi pareja y me olvidé de mí.

Además de investigar en Internet, tomé varios cursos y llené mi habitación de libros sobre finanzas. Aun cuando siempre me he sentido orgullosa de mi capacidad de aprender, confieso que esta vez estaba más que bloqueada.

Me hice tres preguntas:

¿Dónde estoy respecto a mis finanzas?
¿Dónde quiero estar?
¿Cómo puedo llegar?

¡Imagínate como vivirías si el dinero no fuera ningún problema!

Disfruta una deliciosa taza de café y contesta las siguientes preguntas:

1. ¿Cómo vivirías si el dinero no fuera problema?
2. ¿Qué tipo de trabajo harías que realmente disfrutes?
3. ¿Qué dejarías ir?
4. ¿Qué agradecerías?
5. ¿Qué dejarías de hacer?

Si el tiempo en esta vida es corto, ¿por qué lo perdemos haciendo lo que no deseamos? ¿Por qué no hacemos lo que tanto anhelamos?

PATRICIA, **34** AÑOS

"Cuando la pobreza entra por la puerta, el amor sale por la ventana"

Hola. Tengo varios problemitas... tal vez fáciles, pero no veo la salida. Amo a mi novio con todo mi corazón y estamos comprometidos. El problema es que casi no gana dinero como yo lo hago, y no sé si eso afecte nuestra relación futura, porque en mi casa siempre he tenido todo y tal vez él me dé menos. No sé si eso me pueda restar amor con el tiempo. Quizá se oye muy materialista de mi parte, pero creo que es importante que los dos ganen más o menos igual, o no sé qué pensar. Es un hombre excelente y no tengo quejas de él. ¿Qué debo sentir? Ya que de amor no podemos vivir los dos.

¿De verdad es divertido trabajar en nuestras finanzas?

Para mí es sumamente importante que lo que hago sea divertido. Por eso te comento que igual puede ser con las finanzas; además, podemos prestarles atención de forma creativa, sobre todo con miras a hacerlo junto con nuestra pareja.

Como hemos visto, a muchas mujeres se nos dificulta hablar de dinero con nuestros novios o esposos. Muchas elegimos el camino equivocado de guardar silencio. Pero siempre es buen momento para no callar más, tomar el poder personal y comunicarse con la pareja.

Risoterapia

Las leyes de la pareja

Ley de Murphy sobre la felicidad en el matrimonio

La duración de un matrimonio es inversamente proporcional a la cantidad gastada en la boda.

Primera ley de Murphy sobre los maridos

La primera vez que salga a la calle después del cumpleaños de su esposa, verá el regalo que le compró con un descuento del 50 por 100. Corolario. Si ella va con usted, dará por sentado que lo compró porque era muy barato.

Segunda ley de Murphy sobre los maridos

Los regalos que usted le compra a su esposa nunca son tan aparentes como los que su vecino le compra a la suya.

Tercera ley de Murphy sobre los maridos

Los cachivaches que atesora su esposa, siempre estarán colocados encima de los que atesora usted.

Ejercicio "El mapa del tesoro"

Para hacer este ejercicio necesitas:

Un lugar tranquilo

Música suave

Una cartulina

Marcadores de colores

Sin hablar, solo mirándose, dibujen un trazo y después otro. Un trazo puede ser una línea, una curva, un punto.

Dibujen uno cada uno y así sucesivamente (sin hablar). El ejercicio dura 3 minutos (pon la alarma del reloj).

Terminado el tiempo, observen qué dibujaron como equipo. Ahora pueden compartir en qué podrían emplear un fondo común en pareja.

Capítulo 10

Mujer: valórate un poco más

"Valórate, quiérete y no mendigues ni ruegues amor.
A quien no te llame, no lo llames.
A quien no te quiera, no lo quieras.
A quien no te extrañe, no lo extrañes."

—Anónimo

He percibido que para hablar de cualquier tema sin dificultad es necesario que nos valoremos y ello nos da la seguridad que tanto se requiere. Ser honestas debería ser una prioridad en nuestra vida. Seamos sinceras con nosotras y con los demás ¿Cuántas cosas has hecho con el afán de tener una pareja, incluso dejar tu paz interior en último lugar? Entre ello, hablar de todos los temas, incluido, por supuesto, el dinero. Sin limitación. Requisito indispensable para tener una buena relación.

En mi trabajo como terapeuta he sido testigo de miles de historias en las que las mujeres hacemos lo más absurdo por nuestra pareja.

Esperanza es una mujer de 40 años, divorciada, con dos hijos adolescentes. Fue a recibirme al aeropuerto para impartir una conferencia sobre mujeres y cómo valorarnos a nosotras mismas. Ella era la representante del grupo de mujeres empresarias que contrataron mis servicios. Me dijo que había leído todos mis libros y le habían gustado. Como la notaba un poco incómoda, se lo hice saber.

—*¿Sabes?* —*me dijo entre dientes*—, *la verdad es que yo moví todos mis compromisos para venir por ti y charlar sobre algo que me inquieta. Pero no sé cómo empezar.*

—*Dilo como es* —*respondí.*

—*Estoy enamorada. Muy enamorada. Él es increíble. Mi vida cambió cuando lo conocí. Llevo cinco años de divorciada y jamás había salido con nadie. Lo conocí en una boda, fue amor a primera vista.*

—*¿Qué te preocupa?* —*noté por su voz que algo no estaba bien.*

—*Mi familia no lo sabe. Mis amigas me critican.*

—*¿Por qué?*

—*No comprenden nuestro amor.*

—*¿En qué trabaja tu pareja, Esperanza?*

—*Por ahora no tiene trabajo. Está en un mal momento. Piensa poner un negocio. Él tenía mucho dinero, pero lo cedió todo a su ex esposa.*

—¿Por qué se divorció? —pregunté para ampliar la información.

—Él dice que ella lo acusaba de huevón. De hecho, no lo deja ver a sus hijas desde hace tres años que se divorció.

—¿Cuánto tiempo tienen de conocerse?

—Un mes —no pudo evitar sonrojarse.

—Bueno, apenas se están conociendo. Es cuestión de que te des tiempo.

—Ese es el problema, Blanca. Él ya vive en mi casa conmigo. Y tengo mucho miedo.

El resto del camino nos quedamos en silencio.

Este es un gran ejemplo para el tema que deseo trabajar contigo en este capítulo, si tú me lo permites.

Busca dentro de ti

Bucea en tu interior. Conócete y aprecia tus debilidades y fortalezas. Para poder valorarte necesitas apreciarte. Piensa qué te hace sentir segura.

- ¿De qué tipo de personas te rodeas?
- ¿A quién le cedes el poder de tu vida?
- ¿Te sientes incompleta?
- ¿Estás viviendo la vida que siempre deseaste vivir?

Una persona que no se valora permite el abuso en su vida. Pero lo más intenso del asunto es que el valor no depende de los puntos que otros te otorguen. Depende de ti.

El éxito de nuestras relaciones se basa en la valoración personal. Mi abuela decía: "El que quiera azul celeste que le cueste".

- ¿Cómo saber si te valoras a ti misma?
- ¿Qué valor te das como persona?
- ¿Eres una ferviente cazadora de aprobación?
- ¿Te hace sentir mejor la aceptación de los demás?

Colócate desnuda frente a un espejo. ¡Vamos, abre los ojos! Obsérvate. Ve tus ojos y tu rostro. Ahora cada parte de tu cuerpo.

¿Qué piensas de lo que ves?
¿Te avergüenza? ¿Te enorgullece?

Sé consciente de cómo eres y de quién eres. Por favor, no te distraigas pensando en todas las modificaciones que necesita tu cuerpo. Mantén tu atención en lo hermosa que eres.

No se trata solo de una actitud. También te pido que me digas todo lo que no te gusta de ti. Seamos realistas. Todo está claro.

No somos perfectas. Sonríe y dale valor a la persona que realmente eres.

Ponte de tu lado. Regálate más de un
reconocimiento por ser quien eres y
como eres.

MARI TERE, 27 AÑOS

¿Por qué mi novio no me valora?

Le doy lo mejor de mí. He hecho cosas increíbles por él. Le llamo todos los días. Le escribo canciones. Él dice que me ama. Pero no desea pasar tanto tiempo conmigo. ¿Acaso de nada sirve dar todo? ¿No me valora? Yo siento que no valgo nada. Todos mis novios me han engañado. Me he quedado sin comer por comprarle un regalo. Estoy pensando en mejor morirme.

Para valorarnos es necesario primero respetarnos. Sentirnos merecedoras. Hacernos sentir bien.

MERCEDES, 41 AÑOS

Mi marido no me valora

Llevo 15 años de casada. Hace poco mi pareja me confesó una infidelidad, con su secretaria. Le pedí que la despidiera y por supuesto no aceptó. Ella sigue trabajando con él. Salen y se ven a diario. Yo me muero de celos. No sé si hablar con ella y pedirle que se vaya.

La cuestión es: ¿te valoras a ti misma? La mayoría de las mujeres se sienten por debajo de lo que en realidad valen. ¿Qué concepto tienes de ti? Ese concepto te da la energía suficiente para enfrentarte a cualquier situación. Valorarnos nos hace actuar más responsablemente con nosotras mismas.

¿Quién o qué te da valor personal?

A Selena se le había hinchado tanto el brazo que no podía moverlo. Ya había pasado una semana desde la tremenda golpiza que su esposo le había dado. Él siempre la insultaba por cualquier pretexto. Ella siempre esperaba que dejara de maltratarla, pero eso no ocurría.

—No está fracturado —me aclaró Selena—, solo que no deja de dolerme.

Sin que yo preguntara, comenzó a narrarme una escalofriante historia: desde los cinco años, Selena era llevada noche a noche a la habitación de su padre. Allí, a la vista de su madre, era cruelmente violada. Nunca se cuestionó por qué lo hacía. Lo veía como parte normal de su vida.

Esa tarde que asistió a consulta, su padre y su madre la esperaban fuera de la oficina. Nunca imaginaron que su hija hablaría de los abusos sufridos durante su infancia y parte de su adolescencia.

¿En qué grado puede valorarse una mujer que desde temprana edad aprendió lo que es el maltrato de parte de las personas que decían amarla?

La relación de Selena con su pareja era igualmente cruel. Se trataba de un hombre despiada-

do que la golpeaba constantemente. Esa tarde, sus padres la habían llevado a consulta preocupados por su hija, que siendo ya una mujer adulta no sabía poner límites.

El maltrato puede ser físico, sexual, psicológico, verbal o una combinación de estos. La falta de atención, que tiene lugar cuando los padres o tutores no cubren las necesidades básicas de los menores que dependen de ellos, puede ser la causa de que una persona no sepa valorarse.

Unicamente tú determinas tu valor personal

Lo haces cuando defines qué cosas realmente valen la pena en tu vida y las llevas a cabo. Es a través de tus acciones y omisiones, y también cuando no tomas una decisión por miedo a no ser aceptada; en ese instante estás determinando tu valor mediante tu acción. La manera en que avanzas hacia tus sueños y deseos también determinan tu valor personal real. Todo esto depende, como puedes darte cuenta, exclusivamente de ti.

Lograr reconocer tu valor personal es un increíble reto. ¿Cómo lograrlo? Recuerda tus sueños de infancia. Vamos, recuérdalos. ¿Qué deseabas hacer? ¿Qué atrapaba tu inspiración?

De pequeña yo soñaba con impartir cursos o dar conferencias a multitudes. Tomaba todas las almohadas de casa y las convertía en mi público. ¡Caray! Hasta podía escuchar los aplausos. Tenía tres o cuatro años.

> Lograr mis sueños no fue tan sencillo.
> Precisamente porque yo no me valoraba lo
> suficiente.

¿Cómo puedo saber si me estoy valorando? Si crees tanto que vales como que no vales, tienes toda la razón. Pero te doy algunos puntos de referencia: revisa tu postura, tu forma de caminar, de expresarte, de sentarte, a tus amistades, tu trabajo, cómo te pagan, cómo te trata tu pareja, la calidad de lo que piensas.

Un cuento zen

Quiero compartir contigo el siguiente cuento zen.

El valor de las cosas

—Vengo, maestro, porque me siento tan poca cosa que no tengo fuerzas para hacer nada. Me dicen que no sirvo, que nada hago bien, que soy torpe y bastante tonto. ¿Cómo puedo mejorar? ¿Qué puedo hacer para que me valoren más?

El maestro, sin mirarlo, le respondió:

—Cuánto lo siento, muchacho. No puedo ayudarte. Debo resolver primero mi propio problema. Quizás después... —hizo una pausa y luego agregó—: Si quisieras ayudarme tú a mí, yo podría resolver este tema con más rapidez y después tal vez te pueda ayudar.

—Eh... encantado, maestro —titubeó el joven, que se sintió otra vez desvalorizado y vio postergadas sus necesidades.

—Bien —asintió el maestro.

Se quitó un anillo que llevaba en el dedo pequeño de la mano izquierda y, dándoselo al muchacho, agregó:

—Toma el caballo que está allí afuera y cabalga hasta el mercado. Debo vender este anillo porque tengo que pagar una deuda. Es necesario que obtengas por él la mayor suma posible, pero no aceptes menos de una moneda de oro. Vete ya y regresa con esa moneda lo más rápido que puedas.

El joven tomó el anillo y partió.

Apenas llegó, ofreció el anillo a los mercaderes, quienes lo miraban con cierto interés, hasta que el joven decía lo que pretendía por el anillo.

Cuando el joven mencionaba la moneda de oro, algunos reían, otros le daban la espalda y solo un viejito fue tan amable de tomarse la molestia de explicarle que una moneda de oro era muy valiosa para entregarla a cambio de un anillo. Con afán de ayudar, alguien le ofreció una moneda de plata y un cacharro de cobre, pero el joven tenía instrucciones de no aceptar menos de una moneda de oro, por lo que rechazó la oferta.

Después de ofrecer su joya a todas las personas que se le cruzaron en el mercado —más de cien— y abatido por su fracaso, montó su caballo y regresó.

¡Cuánto hubiera deseado el joven tener él mismo esa moneda de oro! Podría entonces habérsela entregado al maestro para liberarlo de su preocupación y recibir su consejo y ayuda.

Entró en la habitación y dijo:

—Maestro, lo siento. No es posible conseguir lo que me pediste. Quizás pudiera conseguir dos o tres monedas de plata, pero no creo que pueda engañar a nadie respecto del verdadero valor del anillo.

—Qué importante lo que dijiste, joven amigo. Debemos saber primero el verdadero valor del anillo. Vuelve a montar y ve al joyero. ¿Quién mejor que él, para saberlo? Dile que quisieras vender el anillo y pregúntale cuánto te da por él. Pero no importa lo que te ofrezca, no se lo vendas. Vuelve aquí con mi anillo —dijo el maestro.

El joven volvió a cabalgar. El joyero examinó el anillo a la luz del candil, lo miró con su lupa, lo pesó y luego le dijo:

—Dile al maestro, muchacho, que si lo quiere vender ya, no puedo darle más que cincuenta y ocho monedas de oro por su anillo.

—¡¿Cincuenta y ocho monedas?! —exclamó el joven.

—Sí. Yo sé que con el tiempo podríamos obtener por él cerca de setenta monedas, pero no sé... Si la venta es urgente... —replicó el joyero.

El joven corrió emocionado a la casa del maestro a contarle lo sucedido.

Después de recibirlo, el maestro dijo:

—Tú eres como este anillo: una joya, valiosa y única. Y como tal, solo puede evaluarte verdaderamente un experto. ¿Qué haces por la vida pretendiendo que cualquiera descubra tu verdadero valor?

Y diciendo esto, volvió a ponerse el anillo en el dedo pequeño de su mano izquierda.

¿Cómo determinas tu valor personal?

En la convivencia diaria aprendemos que todos somos personas, pero secretamente intuimos un grado diferente de valor personal. Es algo imperceptible, como la esencia del ser.

Ejercicio

Imagina que un grupo de amigas te rodean. Ponlas en tu mente.

Otórgales una calificación del 0 al 10 en relación con cuánto se valora cada una. Te darás cuenta de que el valor que proyecta viene de sí misma. No es tu percepción solamente.

167

Nadie puede decirte cuánto vales... ¡solo tú!

A mayor valor, mejor consideración. Nos amamos más, nos comprendemos más, nos cuidamos más. Cuanto más nos amamos, más nos cuidamos. Cuanto más nos cuidamos, más nos amamos.

Cuidar de nosotras es recordar esto: en proporción al amor que me tengo, buscaré mi bienestar.

Pregúntate: ¿me presto atención
y me escucho?

Si te valoras, te cuidas. Si te cuidas, desarrollas tus potencialidades. No te cortas las alas. Al contrario, te admiras en pleno vuelo.

Reflexiona:

- *¿Te amas incondicionalmente?*
- *¿Te reconoces, te aprecias, te brindas los cuidados necesarios?*
- *¿Te reconstruyes todos los días a través de tus proyectos?*
- *¿Tienes espacios de encuentro contigo misma?*

Jesús amaba a las mujeres

Se interesó por nosotras. Nos dotó de dones extraordinarios y nos dio el consejo más sabio para dirigir nuestra vida (Evangelio de Tomás 114):

Simón Pedro dijo:

—Que María [Magdalena] salga de entre noso-tros porque las mujeres no son dignas de la vida.

Jesús dijo:

—Yo las impulsaré para que su espíritu llegue a ser viviente, semejante al de ustedes los varones.

En una cultura dominada por los hombres que margi-naban a las mujeres, Jesús las enalteció. Jesús trataba a la mujer con dignidad y respeto. La valoró igual que a los hombres. Nos escuchó, cuidó, apreció, protegió.

En conclusión: amarte a ti misma es la base de la valo-ración personal. Una mujer que se valora:

1. **Es auténtica.** Capaz y poderosa.
2. **Es independiente.** No se falta al respeto a sí misma dependiendo de los demás.
3. **Cuida sus sueños.** No los mata. Se siente con derecho a ser feliz.
4. **Es generosa y amable** consigo misma.

Resumiendo, una mujer que se valora se da permiso de expresarse.

Risoterapia

El valor de una mujer

Una mujer le dice a su marido:

—¡Pepe! ¡¿Que no sabes lo que vale una mujer como yo?!

—No lo sabré, ¡pero sé lo que cuesta!

169

Ejercicio práctico

Escribe 10 frases que te hayas dicho y que te hayan hecho sentir muy mal.

Ejemplo

¡No valgo!

¡No puedo!

¡Jamás lo voy a lograr!

1. _____

2. _____

3. _____

4. _____

5. _____

6. _____

7. _____

8. _____

9. _____

10. _____

Ahora haremos un ritual con ellas. Enciende una vela, lee cada frase en voz alta y después de leer- las quema una por una. Lleva las cenizas a donde puedas "sepultarlas". Con esto te comprometes a no pensar más eso de ti.

Capítulo 11

Hay que saber pedir... y también saber merecer

"Dios no manda cosas imposibles, sino que, al mandar lo que manda, te invita a hacer lo que puedas y pedir lo que no puedas, y te ayuda para que puedas."

—San Agustín

¿Cómo puedes pedir lo que quieres? Sé que la pregunta suena extraña, pero tiene lógica: antes de pedirlo, debes saber qué necesitas.

Entonces, ¿qué necesitas? Identifícalo con precisión. Piensa cómo te visualizas una vez que lo hayas logrado o recibido. Puedes plasmar cada detalle de tu visión en un dibujo. Concéntrate con claridad en lo que deseas.

Si vives tu vida con claridad, no te sentirás insatisfecha. Porque, o lo has conseguido, o estás a punto de hacerlo.

¿Por qué a las mujeres nos cuesta tanto pedir? Se nos ha formado para estar en la búsqueda desesperada de ser agradable a la vista de todos. Gustar a los demás y no molestarlos es de extrema importancia. En consulta muchas mujeres me han manifestado su dificultad para pedir lo que desean de forma precisa. Solemos disfrazarlo.

Ejercicio

Pon mentalmente frente a ti a tu pareja. Y como supongo que te cuesta pedir lo que quieres, menciona en voz alta 10 cosas que no quieres que él haga. Lo que sientes debe ser acorde a lo que piensas. No importa cuán complicado te parece lo que pidas, es solo un ejercicio.

Por ejemplo, esto es lo que yo no quiero de una pareja:

* No quiero a alguien perdedor.

* No quiero a alguien enojón.

* No quiero un hombre impaciente.

* No quiero un hombre dependiente.

* No quiero un hombre agresivo.

* No quiero un hombre celoso.

* No quiero un hombre controlador.

* No quiero un hombre tacaño.

* No quiero un hombre sin capacidad de comprometerse.

* No quiero un hombre indiferente.

En cambio, esto es lo que quiero:

* Yo quiero una pareja exitosa.

* Yo quiero una pareja alegre.

* Yo quiero una pareja paciente.

* Yo quiero una pareja independiente.

* Yo quiero una pareja pacífica.

* Yo quiero una pareja segura de sí mismo.

* Yo quiero una pareja libre.

* Yo quiero una pareja desprendida y generosa.

* Yo quiero una pareja comprometida.

* Yo quiero una pareja atenta y cuidadosa.

Ahora reflexiona en esto: ¿una pareja con estas características está buscando a alguien como tú?

Pide y se te dará

¿Has escuchado hablar sobre la ley de las expectativas? Esta ley establece que cualquier cosa que esperes se convierte en profecía que se cumple. Y encierra una gran verdad.

Siempre obtienes lo que esperas. Facundo Cabral decía:

> "No digas 'no puedo' ni en broma, porque
> el inconsciente no tiene sentido del humor.
> Lo tomará en serio y te lo recordará
> cada vez que lo intentes."

Nuestras expectativas son inmutables. Hacen que se desarrolle lo que esperamos.

Las mujeres de éxito se caracterizan por tener expectativas positivas. Las mujeres que fracasan tienen expectativas fatalistas.

Por ello, cuanto más claridad mental tengas, mucho mejor será para ti. Se trata de evitar el caos en tu mente. Ponerte en orden.

¿Cómo saber si vas por buen camino?

Te sientes libre y satisfecha. Todo fluye con facilidad. Sientes que vas en la mejor dirección con tu vida. Recuerda que la calidad de nuestros pensamientos atrae más de lo mismo.

Atraes más pensamientos similares. Personas que piensan como tú, eventos que son de energía parecida. Una vida teñida de color semejante.

Una actividad importante

Quiero que atraigas a tu mente todo lo que te gusta de este momento de vida. Ahora, trae todo lo que no te gusta de ella. Bien. Anota qué creencias respaldan cada hecho. En ambas situaciones, créeme, tienes razón. Tienes aquello que crees merecer.

Ejemplo

Pensamiento	Creencia
Me va muy bien en mi negocio	Soy muy capaz y merezco lo mejor
Nunca tengo dinero	No merezco tener abundancia
Me siento súper	Es natural que me sienta súper
Me siento triste	La vida es un valle de lágrimas

Escribe tus expectativas en cada área de tu vida. Las expectativas son tus creencias, que se llevan a cabo. Si creo que alguien puede robarme, terminaré atrayéndolo. Si creo que los hombres abusan de mí, solo conoceré hombres abusadores en mi vida. **Lo que creo es lo que espero. Así de simple.**

Trae a tu mente algo de lo que te sientas orgullosa en tu vida.

Ejemplo

Hecho	Creencia
He podido sacar adelante a mis hijos	Yo puedo pese a las situaciones adversas
Me encanta escribir	Soy muy buena haciendo lo que hago
Mi agenda siempre está llena	A la gente le gusta mucho lo que hago
Mis hijos van muy bien	Tengo hijos muy capaces

Cada quien hace con su vida lo que crea en sus pensamientos. Ve los siguientes ejemplos:

Hecho	Creencia
Estoy muy cansada	No tengo derecho a relajarme
Estoy enferma	La única forma de descansar es enfermarme
No encuentro pareja	Yo no soy valiosa para ningún hombre
No tengo dinero	Lo que hago no vale suficiente

De hoy en adelante tú y yo cuidaremos mucho nuestras creencias y nuestras expectativas. También en tus conversaciones diarias descubrirás estas expectativas.

Revisemos los siguientes segmentos personales. Escribe a un lado tus expectativas sin cuestionarte mucho y solo después anota las creencias que podrían respaldarlas. He llenado el cuadro para ejemplificar.

Área	Expectativa	Creencia
Física	Verme delgada	Todo lo que como es adecuado para mi cuerpo
Familiar	Estamos cada vez más unidos	Mi familia es amorosa
Económica	Ser millonaria	Soy excelente en mis finanzas
Pareja	Mi pareja es mi complemento ideal	Merezco a alguien como yo
Desarrollo	Cada vez logro más cosas	Merezco lo mejor
Espiritual	Siento mucha paz	Todo marcha como debe
Amistades	Todas las personas que se me acercan son geniales	Atraigo amistades tan confiables como yo

Recuerda que todo es energía. La energía toma la forma del pensamiento. Nuestra vida es el conjunto de experiencias derivadas de nuestras expectativas. Nuestras creencias influyen en nuestras expectativas y nuestras expectativas están enraizadas en nuestras creencias.

Cada día, sin faltar uno solo, revisa tus expectativas. Revisa cada creencia. De ahí proviene la trascendencia del agradecimiento adelantado. Dar por hecho actúa como un "Sí". No lo olvides: nuestra vida depende de la calidad de nuestras expectativas.

Toma en cuenta lo que un apóstol dijo:

> Cualquier cosa que pidas en oración cree que se te ha concedido y lo tendrás (Marcos 11:24).

Todo lo que observas comenzó en una creencia.

Una historia para ti

Como cierre de este capítulo te comparto la siguiente historia de Osho.

EL ARBOL DE LOS DESEOS

Un día, un viajero llegó a una tierra muy hermosa. Se encontraba muy cansado tras el largo camino recorrido. Vio un majestuoso árbol y se sentó bajo su sombra para descansar.

Lo que menos se imaginaba era que se trataba de un árbol mágico que convertía los deseos en realidad: "El Árbol de los Deseos".

Mientras estaba allí sentado pensó en lo estupendo que sería tener un almohadón para apoyar la cabeza. En ese instante apareció un confortable almohadón.

El viajero se asombró a la vez que se alegró, y se acomodó con su estupendo almohadón.

Al mirar las hojas del árbol pensó que le gustaría tomar algo caliente, pues llevaba muchos días comiendo mal y sentía hambre. Ante él apareció una gran cesta con deliciosa comida y bebida. Saboreó la comida y quedó más que satisfecho con esas delicias.

Al terminar, sintió un poco de frío y pensó en lo bien que estaría con algo para taparse las piernas. Dicho y hecho, apareció una ligera manta que lo cubrió.

¿Qué más podría desear?

Estaba tan a gusto que pensó: "Voy a dormir un rato. Lo malo es si pasa por aquí un tigre mientras duermo..."

¿Adivinas lo que ocurrió? Correcto, el tigre apareció y lo devoró.

¡De qué forma, mujeres, nos limitamos a nosotras mismas! Sin duda debemos confiar más en el poder de nuestras creencias. ¿Cuántas creencias te limitan en este preciso instante?

Risoterapia

Un hombre deseaba casarse, pero estaba muy interesado en tres mujeres y se encontraba indeciso respecto a cuál de ellas pedirle matrimonio. Así que decidió ponerles una prueba.

A cada una le dio 10 mil pesos y les dijo que volvería en un mes.

La primera se puso guapísima y gastó todo el dinero. Le dijo que quería complacerlo.

La segunda le compró un reloj de oro, pues sabía que él lo necesitaba.

La tercera lo invirtió y le regresó al pretendiente 30 mil pesos con los intereses y las regalías de la inversión en la casa de bolsa.

¿Adivina con quién se casó? Con la que estaba más guapa de las tres.

Moraleja: solo haz lo que tengas que hacer. Lo que ha de ser, será.

Ejercicios prácticos

Nuestra imagen es importante. Cómo nos sentimos respecto a nosotras mismas es el producto de nuestros pensamientos. Mientras estos sean más positivos, mejor será la situación.

Haz una evaluación personal del grado en que te identificas con cada pensamiento.

1. Me siento alegre la mayor parte del tiempo.

2. Me siento incómoda la mayor parte del tiempo.

3. Los retos me provocan ansiedad.

4. Cuando algo sale mal, siento que es mi culpa.

5. Me siento poco importante.

6. Acepto sin problemas la crítica.

7. Me encanta la aventura.

8. Me alegra alcanzar el éxito.

9. Siento que dependo de los demás.

10. Pongo excusas para no vivir cambios en mi vida.

Elige de tres a cinco pensamientos y con ellos establece tres metas que impliquen un reto para ti.

Ejemplo

Cuando algo sale mal, siento que es mi culpa.

Metas

1. Soltar la necesidad de que me quieran.

2. Asumir solo la responsabilidad que me corresponde.

3. Expresar sin rodeos cómo me siento.

Capítulo 12

Me doy permiso para...

"Creo que la chica que pueda ganarse su propia vida y pagar su camino debería estar tan feliz como cualquier persona en la tierra. La sensación de independencia y seguridad es muy dulce."

—Susan B. Anthony

He conocido tantas mujeres en mis cursos, talleres, conferencias y sesiones que ya perdí la cuenta. Algunas se dan permiso de ser independientes; otras no se dan permiso de casi nada. Diría que temen hasta respirar sin autorización de los demás.

¡Reacciona, mujer! Haz un balance de tu vida y deja de perder el tiempo esperando que te den permiso de ser quien eres.

Una mujer que siempre espera autorización no va a ninguna parte. Siempre está dudosa de tomar sus propias decisiones.

Conozco muchas historias de mujeres que no creen merecer una vida mejor. Si lo creyeran, te lo juro, ya la estarían viviendo.

A continuación te comparto algunas sesiones de terapia de grupos de mujeres que por su contenido pueden reforzar el presente tema.

Sesión con Gloria, 29 años

A Gloria le apasiona la política como un medio para poder ayudar a las personas a transformar sus circunstancias. Anhela utilizar todos sus talentos para servir a los ciudadanos. Es muy tenaz, fuerte, honesta, persistente. Reconoce que le falta más cuidar de sí misma, poner límites más claros. El principal obstáculo en su vida es que presta oídos a su miedo, que muchas veces la paraliza.

Cuando entró a sesión su pregunta fue:

—¿Cómo puedo tener una pareja adecuada para mí, que soy tan exitosa?

Gloria es una mujer joven y hermosa. Es imposible no notar su presencia. Parecía tener millones de preguntas revoloteando en su agitada mente.

—Mi vida profesional cada vez es más exitosa, pero... Mi vida en relación con la pareja... ¿Cómo puede una mujer de éxito tener una relación de pareja satisfactoria y conveniente? Eso es lo que yo quiero saber. Mi pregunta es: ¿por qué no tengo pareja? No tengo novio, ni compañero de vida. ¿Por qué siempre tengo parejas no adecuadas o estoy sola?

Vinieron a mi mente las mujeres de mi familia. Me llama la atención que todas han sido mujeres solas, ya sea porque su pareja falleció o porque los hombres se ausentan. Por ejemplo: mi bisabuela materna fue una mujer que se casó muy joven, a los 18 años, y tuvo un hijo, pero al poco tiempo enviudó.

Se volvió a casar a los 21 años y tuvo siete hijos; perdió a unos gemelos de tres años y después volvió a enviudar, tengo entendido que antes de cumplir los 30 años. No volvió a casarse.

Mi abuela fue su única hija mujer. Tenía a mi abuelo a su lado físicamente, pero no contaba con su apoyo. No fue un esposo amoroso, no había respeto. Él era muy machista, y ella, muy sumisa. Mi abuela murió hace un año y él ni siquiera le ha comprado un espacio en el panteón; es decir, no se hizo responsable de ella ni en su muerte.

Mi madre también es una mujer sumisa, que no se valora ni respeta. Mi papá es un esposo y padre ausente.

Mi abuela paterna fue una mujer dura de carácter, pero a ella su esposo —mi abuelo— tampoco la respetó. Enviudó hace como 20 años.

Mi historia familiar está marcada por mujeres solas, que no saben poner límites, que no se valoran ni se respetan. ¿Por qué?

—Necesidad de filiación —dije en voz alta—. Necesidad de filiación.

¿Cuántas cosas haces para complacer a los demás? ¿De dónde surge tu necesidad de esforzarte por mantener tu armonía?

Algunos investigadores han considerado esta necesidad como un miedo terrible al rechazo. Hay una urgente necesidad de establecer relaciones interpersonales. Precisamente esa urgencia lo hace tan peligroso.

Este problema viene de nuestro pasado, de esa búsqueda de protección y de dirección personal. Es una gran necesidad de ser aprobada y aceptada. Y es imprescindible para muchas mujeres.

Se acompaña de otra imperiosa necesidad: que los demás no se molesten con ellas.

Características de una mujer con necesidad de filiación

✓ Necesita sentirse imprescindible.

✓ Ve el sacrificio como parte del amor.

✓ Sufre de forma natural.

✓ Intenta hacer feliz a los demás.

✓ Asume demasiadas responsabilidades.

✓ Siente la necesidad de ser cuidada.

✓ Se deprime si no obtiene atención.

✓ Depende de la aceptación de los demás.

—Piensa un poco: ¿cómo es que nuestra cultura y nuestra familia ha influido en lo que he llegado a ser como mujer? ¿Qué entiendes por ser mujer? ¿Qué tanto dependes de la aceptación de quienes te rodean? —le pregunté.

Gloria no pudo más y gritó.

—Ahora, ¿qué hago?

—Es muy sencillo, Gloria —contesté tratando de aligerar su ímpetu—. Es urgente que retomemos la conexión con nuestras necesidades y con nuestros deseos.

¿Cuántas veces te has descubierto híper vigilante de las necesidades de los demás? Es urgente que tengamos claridad sobre nuestras necesidades.

¿Cuántas veces te has victimizado diciendo: "Si no haces lo que espero de ti, me siento lastimada"?

¿Tomas la vida demasiado en serio? ¿Necesitas aprobación constante? ¿Cómo diablos sanar la necesidad de aprobación de los demás?

¿Eres perfecta? ¿Eres digna de amor siendo imperfecta? ¿Por qué te ocurre esto?

Las mujeres nos hemos centrado en el matrimonio. No ha sido una prioridad tu vida personal. Y si no tienes pareja, te sientes "frustrada".

Hombres y mujeres, sin darnos cuenta, tenemos necesidades emocionales diferentes.

Lo peor es que cada uno tiende a dar lo que ellos necesitan, por lo que nosotras terminamos permanentemente insatisfechas.

¿Qué necesita la mujer según los expertos? Cariño, comprensión y respeto.

¿Qué necesitan los hombres? Confianza, aceptación y aprecio.

La manera en que la mujer mira al mundo es reflejo de su percepción personal. Si estás bien, verás al mundo con agrado.

Una de las principales razones por las que vemos problemas es nuestra baja autoestima, que nos hace buscar constantemente aprobación. Decimos: "¿Te gusto? ¿Verdad que lo hice bien? ¿Me quieres?"

—Gloria, siento que es hora de que comiences a buscar relaciones de calidad. Relaciones en que hombres y mujeres se vean como proveedores mutuos.

Basta de seguir con la búsqueda de aprobación a cambio de afirmación y aceptación. Con ello perdemos nuestro poder personal. Nos volvemos adictas, dependientes. Ahora, quiero pedirte que hagas este ejercicio que será importante para ti.

Ejercicio

Repite las siguientes afirmaciones:

- ✓ Me apruebo a mí misma.
- ✓ Ya no busco aprobación.
- ✓ Ya no busco aprobación de mi pareja, familia, padres.
- ✓ Soy la única autoridad en mi vida.
- ✓ Mi fuente de amor y aprobación está en mí.

Completa las siguientes frases:

· Algo que mi madre desaprobaba de mí era...

_____

· La forma en que lo hacía era...

_____

· La conclusión a la que llegué fue...

_____

· Mi nueva conclusión es...

_____

· Algo que mi padre desaprobaba de mí era...

_____

· La forma en que lo hacía era...

_____

· La conclusión a que llegué fue...

_____

· Mi nueva conclusión es...

_____

· Algo que mi pareja desaprobaba de mí era

_____

· La forma en que lo hacía era...

_____

· La conclusión a la que llegué fue...

_____

· Mi nueva conclusión es...

_____

_____

_____

_____

Ejercicio

Escribe paso a paso, en un máximo de tres renglones, tu guión al nacer, desde la concepción hasta que cumpliste tres meses.

_____

_____

_____

_____

Reprodúcelo ahora en esta etapa de tu vida.

_____

_____

_____

_____

Cuando Gloria era niña, al igual que tú, construyó una imagen de sí misma a través de los ojos de sus padres. Construyó un modelo de amor. Se convirtió en una niña interna sana o herida. Se convirtió en sus padres internos. Su cuerpo retiene todo esto es su memoria y su sufrimiento es su escuela de integridad.

Gloria puede descubrir su parte adulta sana al:

* Conectarse con su dios interno.

* Hacerse responsable de su realidad.

* Soltar expectativas.

* Comunicarse honestamente.

* Mejorar su sentido del humor.

* Desarrollar la mentalidad de "Valgo mucho".

Si tu mente cree que mereces y que debes tener cosas buenas en la vida, dejas de sabotearte y de atraer lo que no deseas. Ya no hay conflicto interno. Ya no hay saboteo.

Cuando Gloria se sintió mejor consigo misma, dejó de sabotearse y se comenzó a estimar. Se reconoció a sí misma y la magia de la alegría llegó a su vida. La aprobación que tanto necesitaba la encontró en su interior. No en los demás.

UN CUENTO ZEN

Cuando una mujer murió fue llevada al tribunal celestial.

—¿Quién eres? —preguntó Dios.

—Soy la mujer del gobernador —dijo ella.

—Te he preguntado quién eres, no con quién te casaste.

—Soy madre de cuatro hijos.

—No te he preguntado eso.

—Soy maestra de una escuela.

—Quiero saber quién eres, no qué haces. No aprendiste quién eres verdaderamente. ¿No te animaste a mirar en tu interior? ¿Quién eres?

Gloria y yo elaboramos la siguiente oración:

Oración de la abundancia para la mujer

Padre, madre del Cielo, te doy las más infinitas gracias el día de hoy por tu bondad, por todo lo que recibo de ti...

Quiero entregarte todo mi ser, te entrego mis apegos inconscientes a la pareja, a mis hijos, a mis padres y hermanos y a mis amigos. También te entrego en este preciso momento mi miedo a perder mi trabajo o a mis clientes.

Te consagro el día de hoy para que hagas de mí lo que tú quieras; te pido que me envíes a tu Espíritu Santo para llenar mi espíritu humano, lléname de ti para que sea más espiritual, para que cada día pueda eliminar todo lo que no es tuyo.

Ahora, mi Dios, penetra en mi corazón, toma posesión de mis bienes y de mis carencias, resana todas las heridas que he vivido hasta este día.

Lo que más deseo es un corazón y una mente que sean transparentes para convertirme en una mujer coherente y aceptar mi poder personal como tu más preciado regalo.

Te entrego, Señor, mi vida. Te entrego mi tiempo. Dirige todas mis acciones, dirige cada uno de los acontecimientos de mi vida para que mi tiempo no se desperdicie. Te entrego mis circunstancias, mi trabajo, mi negocios, mis metas, proyectos, objetivos y planes.

Te entrego a todas aquellas personas que depen-
den de mí. A todas las personas que entran en con-
tacto conmigo o que de alguna forma han tenido
algún vínculo; a todos mis parientes, amigos, y a
mis enemigos conocidos y desconocidos, así como
a cada uno de mis vecinos.

Te entrego mi casa, Señor. Te entrego, Señor, mi
empresa, mis bienes.

Lléname por dentro y por fuera de tu luz, envuél-
veme en una esfera con tu Preciosa Presencia para
que nada pueda dañarme.

De antemano, papá mamá Dios, gracias... Gracias...
Gracias...

Para cerrar la sesión le conté a Gloria una breve historia:

"Había una vez una bella princesita que encontró
a un guapo y caballero príncipe. Este le pidió que
fuera su esposa. La princesa dijo que NO y fueron
eternamente felices."

Al fin, se dio permiso para estar feliz con pareja y sin
pareja o a pesar de la pareja.

Sesión con Alma, 60 años

A Alma le apasiona trabajar con niños, estudiar y prepa-
rarse cada día. Se siente orgullosa de su alegría y de ver
el lado positivo de la vida.

Sus valores representativos son la paciencia, la tolerancia y la honestidad. Se distingue por ser extremadamente sensible.

Su pregunta de sesión fue:

—¿Cómo puedo saber qué es lo que tengo que hacer con mi vida?

Y me narra:

Desde chica, cuando tenía alguna duda importante, salía al jardín de mi casa, me recostaba en un echadero de plástico que teníamos y me ponía a ver el cielo y le preguntaba: "¿Estará bien que haga esto o lo otro?" Me quedaba viendo las nubes, pensando en qué tan grande es el Universo; veía a las nubes y adivinaba sus formas en movimiento, que a veces eran animalitos o figuras místicas, y también pensaba en si habría vida en otros planetas.

Al Universo yo le he hecho muchas preguntas. Algunas de las primeras fueron: "¿Con quién me voy a casar? ¿Cómo será mi vida? ¿Tendré hijos? ¿Seré rica?" Pero esas preguntas no eran para mí tan importantes como cuando llegó el momento de decidir si me casaba o no, porque mis padres no querían que lo hiciera y mi novio me presionaba para que sí lo hiciéramos, ya que mis padres no me dejaban salir ni a la esquina con él ni acompañada de mis hermanos.

Entonces fui al jardín, directito al echadero. Me recosté, miré al cielo y le pregunté: "¿Me caso o no me caso?"

Y no sé qué me dio el valor para casarme tan chica; creo que el ver el cielo tan hermoso. Además, amaba a mi esposo con toda el alma. Esa fue de las primeras preguntas importantes.

El tiempo pasó y no hace mucho le pregunté al Universo: "Si estoy en este mundo es por algo... ¿qué tengo que hacer? En esta inmensidad, ser un granito de arena no ayuda mucho, pero si los juntamos ya ayudamos bastante".

Alma es una mujer increíblemente fuerte, a pesar de su envoltura de mujer frágil y encantadoramente vulnerable. Siempre la he visto sonreír.

Aun cuando de sus ojos brotaran las más dulces lágrimas, Alma siempre sonríe. Su empresa es muy importante y, sin embargo, ella no pierde su sencillez. En todo el laboratorio siempre tenía una frase agradable para sus compañeras.

Su pregunta, así como su nombre, es muy profunda, por lo que buscar la respuesta ha sido todo un reto.

—¿Cómo puedo saber qué es lo que tengo que hacer con mi vida?

Un relato árabe

Este relato árabe vino a mi mente cuando Alma planteó su pregunta.

Y decidí compartirlo en medio del silencio de este grupo de mujeres:

LA INDECISION

Era una noche especialmente fría en el desierto. Una mujer llamada Abdalá montó su tienda de campaña, la cual era tan pequeña que con trabajos cabía ella acostada. Se despidió de su camello, llamado "Indecisión", y se dispuso a pasar una noche tranquila y reparadora.

Apenas había conciliado el sueño cuando el camello introdujo la nariz a la tienda exclamando lastimosamente:

—¡Déjame entrar a tu tienda! Por lo menos déjame meter la nariz. ¡Tengo mucho frío!

Abdalá era una mujer muy considerada con los demás y le permitió amablemente al camello calentar su fría nariz.

Pero sucedió que, en cuanto la mujer se quedó profundamente dormida, el camello se metió completo a la tienda y terminó expulsando a Abdalá.

¿No les ha ocurrido que al dejar a la indecisión entrar a nuestra vida saca de esta todas las cosas buenas que tiene?

Por eso la búsqueda de Alma por su respuesta personal en el acto de contemplar el cielo me parece maravillosamente efectiva.

El salmo 32 nos dice:

"Yo te voy a instruir, te voy a enseñar cómo
debes portarte. Voy a darte buenos consejos
y a cuidar siempre de ti."

Las decisiones que tomamos afectan nuestro mañana. Lo
que decidamos hoy impactará nuestro futuro. Las personas decidimos mejor cuando aprendemos a escucharnos.
Sófocles decía:

"Las decisiones rápidas son decisiones
inseguras".

Ejercicio

Hagamos este ejercicio. Responde las preguntas.

¿Con qué estás comprometida?

_____

_____

_____

¿De qué te sientes esclava?

_____

_____

_____

¿Qué quieres que suceda en tu vida?

_____

_____

_____

197

¿Qué puedes hacer para mejorar tu vida?

_____

_____

_____

¿A qué cosas debes dedicarte más?

_____

_____

_____

¿Qué cosas debes hacer menos?

_____

_____

_____

¿Qué cosas debes empezar a hacer?

_____

_____

_____

Repite las siguientes afirmaciones:

- Puedo cambiar mi mundo y lo puedo hacer desde mi actitud positiva, con una convicción interna, profunda, fuerte, amorosa y sensitiva.

- Aprendo de todas las situaciones de la vida y de lo que otras personas aportan.

- He aprendido que la vida me ofrece oportunidades. Soy capaz de distinguirlas y atesorarlas.

- Me identifico con una imagen de éxito y siento fuerza de vivir.

- Soy la creadora de mi propio destino. Moldeo mi vida con amor.

¿Cuál es tu misión de vida?

_____

_____

_____

En tu corazón siempre sabes lo que quieres desde muy pequeña. Por tanto, vive cada día como un evento espectacular.

Tenemos en ocasiones la sensación de vivir sin sosiego, empujados por la vida, sin saber a dónde vamos, y terminamos sin conocernos con certeza. Cada día se convierte en una carrera de obstáculos. Pero, ¿qué sentido tiene todo lo que haces?

El cielo tiene la respuesta: es un privilegio trabajar con tantas mujeres increíbles. Alma trajo a mi presente esa frase sencilla que tan repetidamente mencionaba mi abuela: "El cielo tiene la respuesta". Me queda claro ahora que el cielo es nuestro hogar. Y un hogar es un lugar de descanso, paz y seguridad y gozo permanente.

Cuando las cargas de la vida nos someten,
dirigir nuestros ojos al cielo nos relaja.

¡Basta de preocuparnos! El tiempo que se vive con un sentido no se pierde jamás.

Quien tiene sentido está
segura de lo que hace.

No tiene miedo a la muerte y experimenta esa sensación de estar llena, satisfecha y plena, independientemente de lo que pase.

La sesión con Alma terminó. Salimos y cada una volteamos al cielo para encontrar nuestra respuesta.

Gracias, Alma. Gracias por darte permiso de saberte sabia.

Sesión con Dalia, 44 años

Dalia es una mujer muy bella y extravagante. Al llegar me advirtió que quería aprovechar su tiempo al máximo. Su pregunta fue:

—¿Cómo puedo ser independiente emocionalmente?

Siendo ella alegre y entusiasta, siempre tiene una palabra amable o un consejo para los demás si se lo piden. Busca ser discreta al externar su opinión y no así al externar una sonrisa.

Pronunció en voz alta su pregunta:

—¿Cómo puedo ser independiente emocionalmente? —y agregó—: ¿Es posible serlo?

—Primero tendríamos que comprender el término "independencia" —le respondí, tratando de poner en orden mi mente.

Ejercicios

Le pedí, y te pido, hacer un pequeño ejercicio. Completa la frase siguiente.

Las mujeres somos tan independientes como:

_____

_____

_____

_____

La mujer ha conseguido la independencia económica, ideológica, aparentemente social, pero, ¿ha conseguido la independencia emocional? ¿Sabes cuántas mujeres de éxito se muestran dependientes emocionalmente? ¿Cuál es la razón de la dependencia emocional en nosotras las mujeres? ¿Qué ocultas ganancias obtiene una mujer dependiente emocionalmente? ¿Cómo lograr la independencia emocional? ¿Qué es la independencia emocional?

También le pedí a Dalia, y te pido, contestar con franqueza las siguientes preguntas:

1. ¿Cambio de idea cuando alguien a quien aprecio tiene una opinión distinta de la mía?

2. ¿Me cuesta decidirme sin la aprobación o la opinión de alguien?

3. ¿Quiero que se me reconozca cuando me sacrifico por alguien?

4. ¿Necesito que me feliciten para creer que he actuado bien?

5. ¿Necesito ser extraordinaria antes de felicitarme yo misma?

6. ¿Pierdo el interés por lo que tengo que hacer cuando estoy sola?

7. ¿Necesito encender la radio o la televisión en cuanto llego a mi casa?

8. ¿Me siento abandonada o rechazada cuando no se ocupan de mí y busco la atención de los demás?

9. ¿Atraigo a gente con problemas, se abren a mí con facilidad en busca de ayuda?

10. ¿Siento que no me queda tiempo para mí por estar demasiado ocupada haciendo cosas por y para los demás?

Ser independiente emocionalmente no es mágico, no llega con la edad, no se aprende en un libro de autoayuda. Es complicado romper el círculo de la dependencia, pero no imposible.

Y tú, haciéndote una radiografía sincera, contesta.

¿Eres emocionalmente independiente? Explica cómo.

_____

_____

_____

Pero, ¿qué es la dependencia emocional? Es la necesidad excesiva de las personas que consideras importantes en tu vida. No se reduce propiamente a relaciones amorosas. No estamos hablando de una sensación de desvalidación.

Es una necesidad obsesiva de control. Surge después de idealizar lo que son las relaciones. Por lo general comienza con la negación de nuestras preferencias. Dependiendo sentimentalmente. Saltando ante todo estímulo. Deseando que nos necesiten. Viviendo con intenso agobio y malestar constante.

Para trabajar este problema es preciso analizar las relaciones significativas de la mujer. Detectar pautas de interacción disfuncional. Es necesario revisar cómo se relaciona.

Hay quienes sostienen que la calidad de la vida de una persona adulta está muy vinculada a la calidad de su relación con la pareja. El problema radica en que no hemos sido formadas para relacionarnos en forma pacífica, respetuosa y afectiva. Siempre contamos con lo que algunos llaman nuestras "agendas ocultas".

Estas agendas ocultas aparecen en familias disfuncionales que presentan los siguientes rasgos:

1. Roles excesivamente rígidos.

2. Padre dominante, madre sumisa.

3. Sistema de comunicación cerrada.

4. Patrones de interacción conflictivos.

5. Escasa o nula expresión afectiva.

Hay que tener mucho cuidado porque, afirman los expertos, nos convertimos no solo en lo que pensamos, sino en lo que imaginamos y sentimos.

Agendas ocultas

Las agendas ocultas son los objetivos personales que los demás no conocen y que nos sabotean. Sin embargo, no es tan fácil reconocerlas.

Te doy una idea: tus agendas ocultas están asociadas a tus sentimientos de malestar. Esas emociones que no puedes controlar.

Díselo a alguien. Escoge a una persona confiable. Plantéate tu problema abiertamente. Solo pide al otro que te observe al escucharte.

¿Cuáles son tus opciones para sentirte bien en estos momentos?

En la vida hay muchas cosas que no puedes controlar. Pero sí puedes controlar lo que deseas hacer. Tienes el control de ti misma.

Haz un alto y atrapa este momento... ¿Qué decides?

Reconoce y describe qué te pasa. ¿Cuál es tu responsabilidad? Cada responsabilidad tiene opciones diferentes.

¿Por qué te alejas del camino de la felicidad? Tu salud y tu felicidad solo dependen de ti. Solo tú estás a cargo.

Sé tu mejor entrenadora y consigue aquello que deseas hacer. Céntrate en tus objetivos, en tu plan de acción. En lo que más importa para ti.

Aprende a fijar tu atención. A esto se le llama enfoque consciente. Lo que está pasando a cada momento.

Planifica tus prioridades. Escribe dentro de la pirámide tus tres prioridades principales.

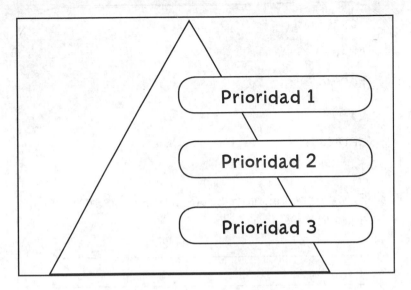

Desarrolla tu capacidad de decir "No" y practícala. ¿Qué ocurre en ti con la posibilidad de una ruptura? Hagamos otros ejercicios.

Ejercicios

Dimensión afectiva: Anota los tres estados de ánimo más comunes que te identifiquen cuando estás con cada una de las siguientes personas. Para ello tienes que ser muy honesta y tener claro cómo te sientes en todos los casos.

Ejemplo:

Con mi padre me siento cohibida generalmente y mis tres estados característicos son inseguridad, miedo a su enojo, ansiedad.

Papá

Mamá

Pareja

Hijos

Empleados

Jefe

Estado predominante (pueden ser hasta tres diferentes):

_____

_____

_____

Ahora revisa de todas las emociones referidas con las personas que analizamos.

¿Qué tanto afectan tu vida las emociones predominantes?

_____

_____

_____

Creencias limitantes

Una creencia limitante nos programa para que nos duela algo. Revisemos algunas de ellas.

- No puedes hacerlo, eres una mujer decente.
- Estoy muy vieja para eso.

- El dinero no cae de los árboles.

- No merezco lo que tengo.

- Todos los hombres son iguales.

- Las mujeres no son buenas para administrar.

- No hay hombres.

- Esto me tocó vivir.

- La felicidad dura poco.

Cuando de niña juegas y el niño te molesta, tus amigas te dicen que es porque te quiere. Nos programan para creer que el hombre nos maltrata por amor, porque no sabe expresar amor.

Porque le da miedo el compromiso.

Porque perdió el teléfono no nos llama.

Inventamos excusas que justifican nuestra dependencia emocional afectiva.

Cuando tratamos de formar una empresa nos enfrentamos a miles de creencias limitantes. Tenlo presente: el éxito depende de ti. Una vez que tu ser interno se siente merecedor de obtener lo que deseas, dejas atrás tus culpas y creencias limitantes.

Haz tu lista de creencias limitantes:

_____

_____

_____

_____

De la misma manera que esas creencias fueron programadas, desprográmalas. Que las nuevas creencias echen raíces en tu mente.

Pero de la mano de las creencias limitantes van los sentimientos limitantes. Nos relacionamos con los demás a través de miedo, rencor, desconfianza, angustia, y nos volvemos manipuladores generando culpa en quien decimos amar.

Cómo liberarte de la dependencia emocional

El primer paso es "darte cuenta", poner remedio y ahorrarte muchas lágrimas. Haz un alto si detectas los siguientes síntomas.

1. Ilusión.

2. Necesidad de control.

3. Demandar atención.

4. Hacer dramas.

5. Justificar abusos.

La dependencia emocional es muy similar a suplicar afecto. La mujer dependiente busca validez y dignidad en ser apreciada. Recuerda esta máxima: "Si mendigo amor, recibo migajas". Cuanto menos esfuerzo requieras en una relación, más sana será. No debes llenar huecos con relaciones. Para sentirte bien contigo misma no debes necesitar nada de los demás.

Los siguientes son tres pasos sencillos para acabar con la dependencia.

1. No centrar tu felicidad en otra persona distinta a ti.

2. Anteponer tus deseos a los de los demás.

3. Reconoce que solo puedes controlar tu vida exclusivamente con lo que respecta a ti.

Realiza una lista de lo que te perjudica y has hecho:

_____

_____

_____

_____

_____

Justo cuando no necesitas a los demás estás preparada para tener una relación muy sana.

¿Cómo deseas que se manifiesten las relaciones en tu vida?

_____

_____

_____

_____

_____

Muchas de nosotras miramos hacia fuera para afianzar nuestra autoestima, lo cual es absurdo. Constantemente argumentamos que nos sentimos utilizadas y objetos de abuso por permitir que violen nuestros espacios y fronteras. Así es como la tristeza y la ansiedad toman el control en la vida de muchas mujeres.

¿Por qué la diferencia en el manejo de emociones entre hombres y mujeres? Las mujeres hemos estado apartadas del ámbito del poder. Nos refugiamos en nuestro mundo personal de emociones. Recuerda que para sentir las emociones hay que recrearse en ellas.

¿Hasta dónde soy capaz de cambiar mi presente? Para ello es necesario estar conscientes. Tener metas claras, concentrarnos en ellas, vivir en equilibrio, realizar actividades gratificantes y fomentar novedades. Evitar la tendencia escapista. Y sobre todo, jamás renunciar a nuestros deseos. Desaprender conductas y creencias que te hagan infeliz.

Pero, ¿qué pasa con las mujeres que ante los demás "lo tienen todo" (carrera, economía, autoestima) excepto una relación estable? Esto se debe a la tiranía de la educación que hemos recibido. La práctica discriminatoria recibida. Esto genera una gran confusión que no nos permite valorar nuestra condición femenina.

Todos y todas tenemos necesidades afectivas primarias como:

- Ser queridas.
- Sentirnos queridas.
- Sentir que queremos.
- Sabernos queridas.

¿Cómo saber si al satisfacer esas necesidades estoy amando o es adicción? La ausencia provoca trastorno y dolor cuando es adicción. Ello acarrea preocupación, aferramiento, pánico a la ruptura. Una sensación enferma de que no hay manera de terminar una relación.

Una historia para ti

Pon atención a la siguiente historia.

LA BOLSA DE QUEJAS

Había una vez una mujer que sentía agobiada por su sufrimiento. Todos los días le preguntaba a Dios:

—¿Por qué me ocurre esto a mí? ¿Por qué me ha tocado sufrir? Estoy dispuesta a cargar con el sufrimiento de cualquier otra persona. Pero no con el mío. Llévatelo.

Esa noche tuvo un sueño revelador. Soñó que Dios había mandado a llamar a todas las personas quejumbrosas. Les entregó una bolsa y les pidió colocar en ella sus quejas, para luego dejarlas en el centro y alejarse.

Con los ojos vendados, cada quien escogería una bolsa del peso más adecuado. Todos regresaron a casa felices para descubrir que era exactamente la misma bolsa que había dejado.

Al despertar la mujer agradeció lo que vivía, pues era justamente lo que podía trabajar. Dejó de quejarse y comenzó a agradecer.

Mujer, hasta que no seas capaz de confiar en ti misma no serás capaz de ser feliz. Por favor, cuídate y ámate como mereces.

P.S. Me atrevo a pensar que esa noche Dalia no pudo dormir, como yo, dándole vueltas a la pregunta que soltó como bomba atómica sobre nuestras mentes.

"Ser independientes..." ¡Que locura! ¿Será posible?

Se dio permiso de cortar el cordón umbilical.

Sesión con Araceli, 52 años

Ya era la hora de nuestra cita en la noche del miércoles. Tenía curiosidad de saber qué pregunta habría de responder.

Araceli es una mujer segura y aparentemente muy fuerte. Siempre pide las cosas como si fuera una orden. Estoy segura de que no se da cuenta de ello. En cuanto la conoces un poco percibes su alma de niña juguetona. Es una mujer sensible y madre amorosa. Es explosiva y dinámica, apasionada y entregada. ¿Alguna mujer se siente a gusto y conforme con su cuerpo?

—¿Hay algo que no te gusta de tu cuerpo, Araceli? —pregunté.

—Mi peso. Estoy convencida de que algo tiene que decirme mi cuerpo. ¿Cómo lo escucho? ¿Cómo me vuelvo amiga de mi cuerpo? Cuando era pequeña, los adultos me decían que las niñas tienen que ser muy buenas y serias y preferiblemente no reír demasiado para no llamar la atención.

Solo hay dos tipos de mujeres: aquellas que les gustan a los hombres para casarse, y esas se portan muy bien; y las que no les gustan a los hombres para casarse, sino solo para llevarlas a la cama. ¿Sabes?, siempre he tenido un problema: llamo mucho la atención. ¿Cómo puedo ser amiga de mi cuerpo?

Podríamos contar más de un incidente en que nos vimos vulneradas sexualmente. Acoso, hostigamiento y uno que otro incidente incómodo.

Nuestro cuerpo no podría ser nuestro amigo si lo consideramos el responsable de tantos peligros. Recordé, mientras escuchaba a Araceli, lo que me decía mi abuela: "¡Una mujer debe saber cuidar su tesorito!"

Definitivamente, no se refería al cerebro.

¿Qué tan buena eres con tu cuerpo? ¿Qué significa para ti ser una buena mujer? ¿Qué tan complaciente eres con tu cuerpo? ¿Haces todo lo posible por no herirlo? ¿Cómo lo cuidas? ¿Sabes lo que necesita?

Lo que crees

¿Te pertenece tu cuerpo? ¿Lo cuidas con amor? Un cuerpo muere con las tensiones de todos los días. Sucumbe lentamente.

Las consejas populares nos dicen:

- "La mujer provoca al hombre con sus encantos."

- "La mujer gana autoridad con su rendición a su pareja."

- "El deseo femenino se somete y se transforma en el placer de formar una familia."

- "La mujer se avergüenza de su sexualidad."

¿Hay que dominar el miedo a la sexualidad?

No. Hay que eliminarlo. No solo dominarlo. Desaparecer nuestros complejos. Ser conscientes de lo que sentimos.

- ¿Cómo entender el miedo a nuestra sexualidad?
- ¿Cómo confrontar el miedo?
- ¿Cómo mirarlo a los ojos?

El miedo se relaciona con nuestros deseos ocultos. Si vives el miedo, este desaparece y se transforma en experiencia.

Es necesario comer, dormir, hacer ejercicio, relajarse. Tener sexo.

La búsqueda de aprobación engorda

Cuando buscamos aprobación cedemos nuestro poder personal. Construimos nuestra vida sobre cimientos falsos. Es devastador no obtener nuestra dosis de aprobación. ¿Qué crees? Buscamos los carbohidratos. La comida llena el vacío de esa falta de aprobación. El comportamiento complaciente es tan adictivo como los carbohidratos.

Quiero ser una niña buena para que me amen

¿Puede relacionarse la obsesión de ser buena con un problema de peso? Muchas mujeres asustadas por su capacidad erótica tienden a aumentar de peso. Mujeres llamadas en su infancia a ser obsesivamente obedientes, incapaces de contradecir normas. "Miedo a la intimidad." "Miedo a depender."

ME DOY PERMISO PARA...

De esta manera nos limitamos sexualmente. Limitamos y aplastamos nuestra sexualidad. Nos deterioramos.

Dar de más y entregarse. No reconocernos.

"Para ser amada debo ser extremadamente buena." La mujer rehúye ser descarada, caprichosa y egoísta.

Me duele mi cuerpo de mujer

—¿Uso la comida para protegerme? —preguntó una de las mujeres que se encontraban en el salón.

—Sí.

—¿Qué sucede si no le agrado a la gente como soy?

—No lo sé. Dímelo tú —pregunté a Araceli.

—Me sentiré incómoda. Pero cuando sea sincera dejaré de ir contra ti. Hoy quiero comprometerme delante de todas a varias cosas.

—Tomen nota, muchachas —como siempre, Araceli habló ordenando. Pero para este momento ya nadie lo notaba.

Me comprometo a...

• Dejar de sentir miedo por ser como soy.

• Expresar siempre lo que en verdad siento.

• Dejar de prestar tanta importancia a si incomodo a otros siendo auténtica.

• Decidir por mí.

215

Me doy permiso de...

- ¡Ser hermosa hoy!
- Vivir mi sensualidad a flor de piel.
- Disfrutar mi naturaleza femenina.
- Gustarme.

Araceli se dio permiso de vivir más de un orgasmo.

Sesión con Gisela, 49 años

—¿Sabes? —me dijo Gisela—, he vivido una vida muy intensa. Desde pequeña, con una familia muy grande en la que se vivían increíbles alegrías, pero también enormes carencias emocionales, aprendí que a veces se está muy arriba, pero también a veces se llora mucho.

"Si pudiera ponerle a mi vida una categoría, como en el cine, sería una película de acción, y creo que así me he acostumbrado a vivirla.

Todo el tiempo suceden cosas que me mantienen como en una montaña rusa. Experiencias maravillosas, inolvidables, pero también otras que son capaces de destruir al más fuerte y de las que yo he sabido salir adelante con gran fortaleza.

"Últimamente me encuentro en una etapa de paz, como pocas veces. He aprendido que lo más cercano a ser feliz es sentirse en paz y así me siento, no importa si las cosas van bien o no. Me he enseñado a aceptarme como soy y a ver amorosamente tanto lo bueno como lo malo que hay en mí.

"Entonces, ¿por qué dentro de mí sigue existiendo esa sensación adictiva de vivir al tope de mi adrenalina en mi estabilidad emocional? "

Definitivamente esperaba una pregunta complicada de esta mujer.

—Me llamaron la atención varias frases en relación con tu pregunta, Gisela —argumenté intentando encontrar la mejor respuesta—: "película de acción", "carencias emocionales", "abundancia", "montaña rusa", "emociones extremas", "aceptación", "emoción que me haga sentir viva", "estabilidad emocional".

- ¿Qué podemos hacer con estas palabras?
- ¿Qué sientes con cada una de ellas?
- ¿Qué imágenes vienen a tu mente?

A mí solo se me ocurrió responder lo siguiente:

—*La vida es un juego.*

A las mujeres nos cuesta trabajo divertirnos

Nosotras jugamos a vivir. Y a esta vida hemos venido a conocer cada día cómo podemos divertirnos más. Si te dijera que la vida es hermosa, llena de aventuras y sorpresas, que encontrarás muchas experiencias y que todas ellas son preciosas porque son tu coaching personal; si te dijera que amar es un regalo que comienza contigo, que no debes sentirte avergonzada de nada, que no has cometido hasta ahora un solo error en tu vida, que nadie te ha dañado, que eres tú quien lo ha vivido de esa forma, pensarías que estoy loca al responderte así. Preguntarías:

217

"¿Y mi sufrimiento ha sido en vano?" Me temo responderte que sí, amiga.

Observa a los niños jugar. Obsérvalos formar grupos. Los niños son más espontáneos. Las niñas, aun en sus juegos, siempre están cuidando. Una mujer se siente bien en la medida en que las personas que ama estén bien. Las niñas en alianza ceden su lugar para que se torne ganador del juego alguien más. No siempre ellas. La mujer se engaña diciendo que puede pensar en todos y estar disfrutando. Alguna vez se otorga el placer de disfrutar fuera de la familia y se siente atrevida.

Los hombres separan y ordenan su mundo antes de tomar una decisión.

A la mujer le cuesta divertirse porque ello implica tomar tiempo para sí. Descansar, arreglarse, estar sola, divertirse. El hombre suele hacerlo sin problemas. Es su naturaleza.

Las mujeres nos volvemos objetos. Queremos ser súper mujeres. Y nos olvidamos de sentirnos orgullosas de NO ser una súper mujer. Nos olvidamos de consentirnos. Porque al consentirnos nos hacemos vulnerables.

Al volvernos vulnerables pedimos muchos cuidados y debemos dejarnos soltar al abismo de la duda para poder recibirlos.

Anteponemos todo al yo. Entregamos tanto que nos quedamos vacías. Si nos mostráramos a nosotras mismas esa delicada sensibilidad que nos caracteriza, recordaríamos que somos personas importantes. Que, como decían nuestras abuelas, las personas son más importantes que las cosas.

A ti, lectora como a Gisela, nos da miedo divertirnos. Nos parece osado y atrevido.

Mujeres, necesitamos convivir más con otros hombres y otras mujeres. Hacer crecer nuestros dones. Aprovechar nuestras diferencias. Vivamos como si estuviéramos vivas. Vivir es un proceso dinámico.

- ¿Por qué te da miedo divertirte?
- ¿Por qué temes explorar?
- ¿Por qué tanto miedo a equivocarte?

Queremos entender la vida con nuestro cerebro limitado por los miedos.

Una mujer viva disfruta de la aventura de ser quien es. Busca la energía, huye de la carencia y del dolor. La mujer teme divertirse porque piensa que es pérdida de tiempo o pecado.

La mujer necesita tiempo, un tiempo tan rápido o lento como ella desee. Porque después de todo es tu ritmo. La mujer se olvida de sí misma y se traiciona. ¿Hace cuánto que no te diviertes?

Si te diviertes, puede ser tan peligroso como acabar encontrándote.

¡Si tan solo supiéramos expresarnos!

Tendríamos la capacidad de vivir el día a día y generaríamos fuerza magnética que conmovería al mundo.

A las mujeres nos cuesta tanto divertirnos que te diré lo más ridículo: no gozamos al hacer el amor. Lo sufrimos siendo un placer.

Qué importante sería divertirnos con la vida. Y resolver nuestros problemas inventados con un juego. Abrir los ojos y decir: "¿A qué jugaré hoy?"

Qué hermoso sería abrirnos y soltarnos. Dejar atrás nuestra anorexia sexual y disfrutar.

Recuperarnos. Recuperar nuestro cuerpo y con él nuestro espíritu. Nos hemos creído dependientes por excelencia.

Eliminar la culpa

Mujeres, somos una parte de la fuerza de Dios y estamos en esta vida para equivocarnos y aprender a través de una escuela llamada experiencia. Lo que tú eres hoy, al margen de lo que seas mañana, es solo una parte de tu meta universal.

La vida no es ni debe ser una batalla. Los problemas en tu universo personal se derivan de que no comprendes tu misión.

Tú, como Gisela, y Gisela, como tú, nos debemos múltiples experiencias. Tantas como sea posible resistir. Experiencias sin culpas. ¿Por qué la mujer se culpa de experimentar?

La culpa invade a la mujer. En lugar de preguntar: "¿Por qué lo hice?", pregunta: "¿Por qué no iba a hacerlo?"

Mujer, conócete más. No puedes amar lo que no conoces. Descubre tus alcances y tus limitaciones. ¿Cómo puedes hacer si no experimentas? ¿Cómo puedes experimentar si no te arriesgas? ¿Y cómo puedes arriesgarte sin equivocarte?

Las dos Evas

En la Biblia cuentan dos historias de la creación. En la primera Dios crea al hombre y a la mujer a partir de la madre Tierra. En la segunda Dios crea a la mujer a partir de una costilla de Adán. A la mujer creada independientemente se le llama Lilith, y a la segunda, Eva.

El texto dice: "Creó Dios al hombre a su imagen. Lo creó varón y mujer los creó". Quien interpreta la historia dice que Lilith fue insoportable para Adán, pues le cuestionaba todo. Adán trató de doblegarla y ella lo abandonó. El nombre de Lilith fue cercenado por cuestionar e invitar a la confrontación. Lilith cuestiona prohibiciones, es una mujer que desafía y que por ello es censurada. Lilith representa la libertad de pensamiento de las mujeres.

Pero después de todo lo expuesto, solo te corresponde a ti, como a Gisela, hacerte cargo de tu felicidad. Aceptar tu reto personal, correr muchos riesgos y entregarte a vivir con plenitud.

Mujer, atrévete a ser diferente. Nada de lo que hagas será bueno o malo si asumes tu responsabilidad. Seamos responsables de nuestro ser creador y atrévete. Solo atrévete.

El grupo de mujeres en esta ocasión tendría como reto una tarea impactante: guardar silencio durante una hora después de salir de sesión. Silencio absoluto. Después de todo, era el precio por haberme confrontado con una pregunta tan intensa. Yo misma no sabría qué decirles después de lo compartido esta noche. Pues reconozco que muchas veces he descubierto que he renunciado a ser Yo por miedo a confrontar mi entorno. Una hora son

60 segundos. Comencemos con una especie de duelo por nuestra Lilith, dondequiera que esta parte de nosotras se encuentre ahora mismo, en ese paraíso que le espera a nuestras vidas.

Gisela se dio permiso de divertirse sin sentir culpa.

Sesión con Lupita, 34 años

—¿Por qué me cuesta creer que merezco todo lo bueno que estoy viviendo?

Si una palabra pudiera describir a esta empresaria, cuando la conocí, era "miedo". Y digo "era" porque su transformación ha sido una de las más impactantes en mi carrera como facilitadora de procesos personales.

Lupita es una mujer encantadora, de una gran sencillez que ahora la distingue. Le costaba mucho trabajo divertirse y creer que la felicidad sería parte de su historia personal. Lupita siempre tenía en cada sesión una pregunta sencilla y divertida. ¿Por qué le costaba tanto trabajo sentirse tan feliz?

Hace años, cuando la conocí en una de sus sesiones personalizadas, Lupita se sentía muy sola. Hacía poco había perdido a su madre, a quien durante toda su vida vio enferma. Así que a su muerte pensó que su obligación era quedarse a cuidar a su padre. Grande fue la sorpresa que le dio la vida cuando su padre le demostró que no necesitaba ningún cuidado y amablemente le pidió hacerse cargo de su propia vida.

Lupita se dio cuenta de que tenía un pretendiente, poco agraciado por cierto, pero era lo más cercano a una pareja. No la llenaba, pero era muy bueno. Tampoco lo admiraba, pero era muy bueno. No se sentía feliz a su lado, pero era muy bueno. Dentro de sus sesiones se preguntó si acaso podría enamorarse y casarse con un hombre que le resultara apasionadamente interesante. La vida le respondió, pues contrajo nupcias con el hombre que la llenaba en toda la extensión y aparte, por cierto, también era bueno, además de que la atraía y le resultaba muy interesante.

La empresa de Lupita era otra de sus pasiones y cada vez le iba mejor. Desarrollaba un talento impresionante en su labor como directora de un próspero negocio. Se sentía enamorada de la vida. Pero... Siempre hay un pero en quienes se estrenan en la aceptación de la abundancia y el amor en su vida.

Pero... ¿si esto se acababa?

¿Cómo aprendí a no merecer?

Cuántas de nosotras habremos escuchado la frase "Eres mujer, eres valiosa y tendrás amor en abundancia". Creo que muy pocas.

¿Cómo veíamos que nuestras madres ejercían el arte del merecimiento? Acaso las veíamos comer las sobras de nuestros platos argumentando que no tenían mucha hambre. Las veíamos callar su dolor y enjugar sus lágrimas diciendo que a ellas no les hacía falta nada. ¿Alguna vez viste a tu madre agachar la cabeza ante el grito desbordante de tu señor padre? Guardar silencio ante una injusticia, obedecer lo contrario a su naturaleza, aceptar lo inaceptable. ¿Cómo demonios entonces podríamos haber aprendido a merecer? Tal parece que vivimos de las sobras.

Al buen entendedor pocas palabras

No necesitaron nuestras madres y abuelas decirnos cómo ser una mujer sacrificada y poco merecedora. El ejemplo arrastra.

Pero, siendo sinceras, cada vez más las mujeres rompemos esquemas pidiendo al universo lo que tanto deseamos: abundancia, felicidad, amor.

Un refrán reza "A la mujer, ni todo el amor ni todo el dinero". ¿Cómo queremos que haya más mujeres millonarias con estos pesados refranes? El Grupo de las Doce (como cariñosamente les llamo) seguramente se han confrontado con frases similares.

Todas coincidieron en que más de una vez se ha sentido víctimas de las circunstancias y por miedo han cerrado sus brazos al poder. Una de ellas comentó:

—Hace unos días no me sentía merecedora de tanta abundancia. Mi negocio va tan bien que me asusta.

Todas sin excepción se identificaron con esa sensación de incomodidad en medio de la abundancia anhelada. Parecería que hay una predisposición genética de las mujeres a vivir sufriendo. Hasta buscamos situaciones incómodas que tolerar. Hay quienes, en lugar de vivir en medio del amor, lo padecen.

Necesitamos abrir nuestra mente para soltar el extraño goce masoquista. Tendremos que aprender a vivir sin angustiarnos y sin adicciones emocionales.

¿Es que acaso nos molesta ser felices? No está bien visto ser feliz. Tenemos que esforzarnos tanto para no ser felices. Cómo batallamos buscando pretextos para no sentirnos plenas.

Hay que pedir

De hecho, observa todo lo que has logrado, mujer. Ahora mismo. Justo en este momento. En algún lugar de tu mente tú programaste tu intención. En este momento tú estás creando. Tu vida es un reflejo de lo que pides, de aquello a lo que prestas atención.

Cada una de las mujeres contó su experiencia sobre la abundancia en su vida. Una serie de anécdotas se dejaron escuchar por el salón. Lupita nos contó cómo su hija Casandra haría un viaje a Turquía y camino al aeropuerto olvidó su pasaporte. Ya no había tiempo para regresar por él. Lupita bajó del auto y tomó un taxi. Era imposible lograrlo. Mas no así para la energía universal. Llegó al aeropuerto a tiempo, lo cual era matemáticamente imposible. Aunque usted no lo crea.

No olvidaré pedir, gritó Lupita, corriendo al encuentro de su maravilloso marido, a su increíble hogar, en medio de su tremenda abundancia, que definitivamente se merecía solo porque supo pedir.

Lupita se dio permiso de sentirse orgullosa de sus logros.

Capítulo 13

Conclusiones

Mujer, en cualquier lugar del mundo donde te encuentres en este momento lo que más deseo es que materialices tu poder personal. Te invito a que, al igual que estas mujeres, encuentres la seguridad de pedir lo que tanto necesitas.

Actualmente muchas mujeres se sienten confundidas respecto a lo que deben esperar de una relación y cómo deben conducirse en esta. Las mujeres nos complicamos al no hablar claramente con la pareja de temas tan importantes como el dinero.

Considero que este libro te ha abierto los ojos a lo que verdaderamente necesitas, incluyendo el aspecto económico. Tenemos la capacidad de cuidarnos a nosotras mismas y convertirnos en las personas que deseamos ser. Un hombre se sentirá más feliz con una mujer que no tiene miedo de pedir lo que necesita.

Mujer, para concluir quiero resaltar los siguientes puntos y sugerencias:

1. Crea tu realidad sin olvidar jamás tu misión de vida. Busca no depender de los demás y, ante todo, vuelve tu vida muy divertida. Tienes dere-

227

cho a realizarte, a tener éxito, a dejarte acompañar por quien tú elijas y a tomar tus decisiones.

2. No busques aprobación de los demás. Sé quien deseas ser y define tus prioridades con base en tus valores personales.

Todas tenemos una serie de principios que determinan que nos sintamos bien o no con nuestro comportamiento.

3. Controla tus impulsos y pasiones, o lo que llamamos demonios internos. El conflicto siempre está en nuestro interior.

4. Mantén tu mente abierta al aprendizaje diario. Haz de ello un hábito.

5. Mantén tu vida muy interesante. Realiza cada día por lo menos una actividad que te acerque a tus metas.

Detrás de cada palabra que has leído y tratado de poner en práctica hay una raíz integradora: sentir que merecemos es el detonante para pedir lo que necesitamos.

Niégate a todo pulmón a vivir situaciones injustas. Ámate por encima de todo. Vuelve a leer cada principio expuesto y ensaya.

Espero que ahora cuentes con un panorama más amplio y con mucha claridad para vivir siendo quien eres y convivir en pareja sin temas vetados.

Valórate, cuídate, quiérete.

Para cerrar este libro

Qué mejor manera de concluir este libro que presentándote la siguiente historia que compartió conmigo una amiga muy querida:

> *Una increíble mañana en el Paraíso, Eva disfrutaba de la naturaleza. Pero no se sentía conforme y habló con Dios.*
>
> *—¡Tengo un problema!*
>
> *—¿Cuál es, Eva?*
>
> *—No soy del todo feliz. Me encuentro aburrida. Quiero divertirme más.*
>
> *—Está bien. Crearé un hombre para ti.*
>
> *—¿Qué es un hombre?*
>
> *—Es un ser imperfecto, orgulloso, celoso y controlador. Te dará muchos problemas.*
>
> *—Suena interesante…*
>
> *—Pero… es tan orgulloso que tendrás que mentirle. Le dirás que él fue creado primero.*
>
> *—Está bien.*
>
> *—Recuerda, Eva, esto queda entre nosotras.*

Si le has entendido a este bello cuento corto, además de reírte le darás un nuevo significado a tu relación con Dios…

Muchas gracias.

¿Cómo surge Contraterapia?

Todo empezó con mi interés por obtener resultados rápidos en pocas sesiones. Mi formación me permitió involucrarme con diferentes técnicas de autoayuda. Soy y seré siempre una apasionada de las ciencias del comportamiento humano. He estudiado psicología, desarrollo humano, derecho, terapia familiar, Constelaciones Familiares, terapia Gestalt, sociología, filosofía, análisis transaccional, meditación, terapia racional, manejo de grupos, oratoria, hipnosis y otras disciplinas que te permiten experimentar con este grandioso sistema.

Decidí enfocarme a las soluciones, no a los problemas. A ayudar a la gente a través de este método. Me convertí en consultora sobre bienestar emocional con especialidad en manejo de soluciones. Me he dedicado a aprender y los frutos son ¡increíbles!

La gente acude a mí por recomendación de otros alumnos que confían en mi trabajo. Sin duda, los cambios positivos son mi mejor recomendación. He tenido clientes que se trasladan miles de kilómetros para trabajar conmigo en sus emociones. Me encanta y disfruto mucho el contacto personal.

Soy muy intensa en mi trabajo, me gusta ser firme y obtener resultados. Este método se trata de emprender acciones con un plan sencillo y efectivo.

Estoy aquí para ayudarte. ¿Quieres ser feliz? Mi nombre es Blanca Mercado y mi misión en esta vida es demostrarte que tienes todo aquello que "sientes que mereces". Creo firmemente que hemos venido a este universo a aprender de manera divertida y confrontante. Pero, sin duda, siempre aprendemos.

Tel. (33) 3823 0606

www.blancamercado.com

WhatsApp (33) 1602 7485

www.blancamercado

Facebook Blanca Mercado

Youtube: verifica y suscríbete al canal de videos de superación: https://www.youtube.com/channel/UCj8vBfV_4-eHh6uX6AD9H4g

Correo electrónico: desarrollohumano@blancamercado.com

Bibliografía

Assaraf, John, *The Answer*, Grijalbo, México, 2008.

Coria, Clara, *El sexo oculto del dinero*, Paidós, Buenos Aires, 1986.

Díez, Alfredo, *Lidera tu interior*, Editorial Granica, México, 2012.

Evatt, Cris, *Él y Ella*, Panorama Editorial, México, 1993.

Forward, Susan, *Chantaje emocional*, Grijalbo, México, 2013.

Hill, Napoleón, *Piense y hágase rico*, Debolsillo, México, 2010.

Litvinoff, Nicolás, *¡Es tu dinero!*, Ediciones Granica, México, 2011.

Macías, Sofía, *Pequeño cerdo capitalista*, Aguilar, México, 2013.

Mercado, Blanca, *Soy chingona ¿y qué?*, Panorama Editorial, México, 2013.

Mercado, Blanca, *Mujer soltera busca marido*, Panorama Editorial, México, 2014.

Silverman, George, *Los secretos del marketing de boca a boca*, Grupo Editorial Norma, México, 2011.

Stamateas, Bernardo, *Pasiones tóxicas*, Planeta, México, 2010.

Tracy, Bryan, *El camino hacia la riqueza*, Editorial Grupo Nelson, Estados Unidos, 2008.

Esta obra se terminó de imprimir
en noviembre de 2015, en los Talleres de

IREMA, S.A. de C.V.
Oculistas No. 43, Col. Sifón
09400, Iztapalapa, D.F.